북한투자
어떻게 하면
성공할까?

북한 투자

북한 전문 법률가·기업인이 전하는 대북 투자 노하우

어떻게 하면
성공할까?

법무법인 율촌 북한팀 · 매일경제 중소기업부 지음

매일경제신문사

최근 남북 간 대화와 협력의 분위기가 조성되면서 대북경협 사업도 다시 확대될 것이라는 기대감이 커지고 있습니다. 주변의 지인들도 큰 관심을 보이고 있습니다. 자연스럽게 법률가인 저에게 "그런데 북쪽은 법률 같은 것도 우리랑 많이 다르지 않나?" "잘 모르고 섣불리 시작했다가 나중에 문제 생길 만한 건 없나?" 하며 조심스레 물어오곤 합니다.

20년에 걸친 제 경험과 지식을 바탕으로 이러한 고민에 실효적인 답을 할 수 있지 않을까 오랫동안 생각해왔습니다. 그 결과 한 권의 책을 선보이게 되었습니다. 자칫 어렵고 위험할 수 있는 대북경협 사업에 조그마한 등대 역할이라도 되었으면 하는 바람을 이 책에 고스란히 담았습니다.

1998년 6월, 고(故) 정주영 전 현대그룹 명예회장은 500여 마리의 소떼를 이끌고 판문점을 넘었습니다. 그때만 해도 제가 대북경협 업무를 담당하는 변호사가 되리라고는 생각하지 못했습니다. 1998년 10월경 금강산 관광사업을 담당하던 현대상선㈜의 담당 임원이 금강산 관광사업의 법률·세무 문제 검토를 법무법인㈜ 율촌에 맡겼습니다. 워낙 긴박하게 진행되는 중요한 프로젝트였던 만큼 그 임원은 일반적인 변호사 보수 요율의 2배를 지급하겠다고 제안했고, 저는 그만 '보수 따블'의 유혹에 넘어가 금강산 관광사업 관련 법률 업무를 담당하게 되었습니다.

고난은 곧 시작되었습니다. 당시만 해도 대북경협 프로젝트는 처음 하는 일이라 상의할 선배나 참고할 만한 자료가 전무했습니다. 기본적인 리걸 마인드(Legal Mind, 법률적 사고방식)에 의존하여 북한 관련 법률을 공부해가며 계약서 등을 만들어가야 했습니다. "3배는 받았어야 했는데" 하는 한탄이 절로 나왔지만 급한 일정에 며칠 밤을 꼬박 새우는 강행군을 피할 수는 없었습니다.

그렇게 금강산 관광사업은 시작되었고, 법률가로서 역사적인 프로젝트에 일조했다는 자긍심이 들었습니다. 그러한 인연은 자연스레 현대그룹의 대북경협 사업을 주관할 현대아산㈜의 자문 변호사 역할을 맡는 것으로 이어졌습니다. 대북경협 사업은 한 치 앞도 보이지 않는 안개 속을 헤쳐나가는 일이었습니다. 회사 안에서도 "대북경협 사업은 대박 아니면 쪽박이야" 하는 묘한 분위기가 자연스럽게 형성되었습니다. 변호사로서도 리걸 마인드와 상상력에 의존하여 한발 한발 나아갈 수밖에 없는 일이었습니다. 북한 당국을 상대방으로 작성하는 계약서 문언은 그 어느 외국어보다 해독하기 어려웠습니다. 나아가 계약의 이행을 담보할 법률적 장치도 확실하지 않았고, 사업상 위험을 최소할 수 있는 보험 등의 제도도 이용할 수 없었습니다. 외줄 타기를 하듯 불안한 마음으로 법률 업무를 이어갔습니다.

그러던 2002년, 개성공단 사업을 본격적으로 추진하게 되었습니다. 저는 개성공단 사업을 법률적으로 뒷받침하는 '개성공업지구법'과 하위 규정의 초안 준비 작업을 담당했습니다. 선례가 될 만한 해외 북한 경제특구 관련 법령을 있는 대로 모아 검토하면서 나름대로 최선의 법령 초안을 만드느라 변호사 후배들과 몇 달을 함께 고생했던 기억이 생생합니다. 법령 초안을 최종 탈고하고, 회사에 보내주는 순간 옥동자를 출산한 듯한 뿌듯함이 밀려왔습니다. 그 개성공단 관련 법령 초안집은 지금도 제 책장에서 저를 바라보고 있습니다.

이제 대북경협 사업은 길었던 암흑기를 벗어나 새로이 활기를 띠게 될 것으로 보입니다. 이 책은 대북경협 사업을 진행 중이시거나 새로이 구상하시는 분들께 법무법인 율촌이 그동안 현대그룹의 대북경협 사업 업무를 직접 수행하면서 쌓은 노하우와 경험을 생생히 전달해 드리게 될 것입니다.

다음은 책을 쓰면서 지키고자 했던 원칙입니다.

첫째, 실제 업무 경험을 기초로 현실감 있는 내용을 다루자.

둘째, 생소한 법령들보다 사례를 중심으로 더욱 빠르게 이해할 수 있도록 하자.

셋째, 가능한 한 어려운 용어들을 줄이고 읽기 쉽도록 만들자.

따라서 이 책을 부담 없이 한번 읽어보는 것만으로도 대북경협 사업 과정에서 벌어질 수 있는 다양한 상황들에서의 법적 이슈에 대해 쉽게 이해할 수 있을 것입니다. 또한 관련 법령들이 막연하고 불안하게 느껴져 주저했던 부분을 해소하고 사업 발전에 집중할 수 있게 될 것입니다.

이 책은 저희 율촌 북한팀 전문 변호사들과 〈매일경제〉 중소기업부가 함께 집필했습니다. 공저를 허락해주신 〈매일경제〉에 이 지면을 빌려 깊은 감사의 뜻을 전합니다.

이 책은 크게 두 부분으로 구성했습니다. 1부는 북한투자를 하기

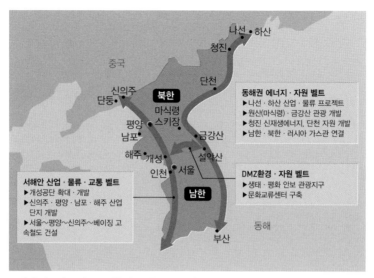

문재인 정부가 구상 중인 '한반도 신경제 지도'
*자료: 국정기획자문위원회 · 통일연구원

위해 꼭 알아야 할 법률적 지식을 율촌의 북한팀 전문 변호사들이 알기 쉽게 풀어 썼습니다. 딱딱한 법률 용어가 다소 어렵게 느껴지시겠지만, 북한투자를 위해서는 꼭 알아야 할 것들로 구성했습니다. 2부는 〈매일경제〉 중소기업부 기자들이 발로 뛰며 쓴 남북경협 기업들의 생생한 인터뷰를 묶었습니다. 앞서 대북 투자를 해본 기업인들의 경험담이 향후 북한투자를 하고자 하는 기업에 작은 디딤돌이 될 것입니다.

아무쪼록 이 책이 많은 독자에게 좋은 길잡이가 되어 대북경협 사업의 중흥에 조금이나마 도움이 될 수 있기를 희망합니다.

김동수 율촌 북한팀장(조세그룹 대표 변호사)

차례

2부 북한투자, 실제로 어떻게 이뤄졌나?

1부

북한투자 제대로 하는 법

1

북한 변화 가능성과
대북경협 진출 선결 조건

이호진 율촌 고문

갑작스런 북한의 태도 변화

2018년 들어 남북정상회담이 두 차례 개최되고, 그간 상상하기 어려웠던 북미정상회담이 실제로 이루어졌다. 2017년 말 한반도 주변 정세는 심각한 군사적 대립과 긴장 상태가 최고조에 달해 있었는데, 우리가 지난 몇 달간 목격했던 180도의 정세 반전은 예사로운 일은 아니다.

외견상으로는 김정은 정권하의 북한이 변화할 가능성이 높아졌다고 보인다. 개혁·개방을 거부하고 스스로 고립을 자초한 북한 최고 지도자가 지난 몇 달 동안 한국, 중국, 미국의 수뇌들과 일련의 정상회담을 통해 변화의 신호를 보내고 있음은 일단 고무적이다.

그 변화의 핵심에는 북한 비핵화 문제가 어떻게 결착되느냐가 자리를 잡고 있다. 북미정상회담이 가능했던 것은 오로지 김정은이 '완전한 비핵화'를 약속(비록 한국이 간접적으로 전달한 약속이지만)한 데에서 출발했기 때문에 결자해지의 논리에서 그렇다.

북한이 그들이 말하는 소위 '최고 권위' 김정은 지도자가 약속한 '완전한 비핵화'를 제대로 실천한다면, 더 나아가 개혁과 개방의 정책 변화를 시도한다면 남북한 관계는 그동안 경험하지 못했던 역사적 대전환을 맞게 될 것이다.

이러한 급격한 상황 발전에 맞춰 2018년 6월 26일 법무법인 율촌과 〈매일경제〉는 기업들의 대북 진출에 대비한 전략과 법적·제도적 솔루션을 논의하는 세미나를 개최했다. 그때 우리는 싱가포르에서 열린 북미정상회담 결과를 평가하고 북한의 변화 가능성을 조심스럽게 긍정적으로 평가했다. 〈이코노미스트(The Economist)〉 등 일부 언론도 '김정은 정책 변화의 호기', '일말의 희망(a glimmer of hope)' 등 긍정적 요소가 있다고 보았다.

그러한 희망이 현실화되려면 일의 순서라고 할까, 해결 과제의 선후가 있다. 무엇보다 북한의 비핵화 이행이 최우선 선결 과제이다. 그래야만 대북 제재 완화와 궁극적 해제, 이와 함께 북한의 정책 변화(개혁·개방)도 가능해져 국제사회의 대북경협 제공이나 민간기업의 대북 진출이 실질적으로 이루어질 수 있는 것이다.

이 책이 기업들의 대북 사업 진출 가이드를 제공하는 데 목적을 두고 있다면 그 선결 조건이 되는 북한의 '비핵화' 문제를 먼저 이해할 필요가 있다. 북한이 독재 3대에 걸쳐 고립을 자초하면서 왜 핵개발을 계속해왔는지, 왜 이제 와서 갑자기 비핵화하겠다고 하는지부터 이해해야 한다.

북한 핵개발 연혁

1980년대 말 이후 1990년대 초 구소련이 무너지며 공산주의 붕괴 도미노 현상이 벌어졌다. 대부분 공산국가가 체제 전환과 개방·개혁을 통한 국가 발전의 길로 나왔다. 그런데 북한은 붕괴 도미노 현상을 피할 수 있었던 유일한 국가라고 할 수 있다. 개방과 개혁의 세계화 조류를 애써 회피하며 스스로 고립을 택하고 생존할 수 있었다. 4반세기가 넘도록 그랬는데, 어떻게 가능했을까? 지금은 어떤 상태에 있는가?

지난 40년 동안의 남북관계를 분석해보면 독재 3대는 뛰어난 위장 평화공세, 기만적 대화(협상)를 지속하면서 체제 붕괴의 위험을 돌파할 수 있었던 것이 아닌가 생각된다. 그 근저에 북한이 국제사회의 반대와 압력에도 불구하고 핵무기 개발에 집착한 이유가 있다. 산업 발전을 위해 핵에너지를 평화적으로 이용하려는 노력은커녕 그 구실 하에 비밀리에 핵무기 프로그램(Nuclear Weapons Program)을 진척시켜 온 것이다.

1990년 초 냉전시대를 마감한 국제사회가 당시 김일성에게 유일하게 요구한(북한의 NPT 조약상 의무 위반에 대해) 것은 핵무기 개발 의혹 해소였다. 김일성은 아마도 그 의혹 해소 요구에 겉으로라도 응하면 체제 붕괴 도미노를 피할 수 있지 않을까 생각한 것 같다. 그래서 1992년 한반도 비핵화 공동선언에 합의하며 비핵화(핵개발 의혹 해소)를 약속한다. 그러나 IAEA가 몇 차례의 사찰을 통해 영변 핵단지 인근 장소에 은닉된 미신고 핵시설·물질을 탐지해냄으로써 북한이 비핵화 약속을 기만한 것이 드러났다. 이것이 한반도에 제1차 핵위기 (1993)를 촉발했고, 곧이어 김일성 사망으로 이어진다.

김일성 사후, 권력을 세습한 김정일도 마찬가지였다. 중국, 러시아의 원조가 대폭 줄고 식량난 등 경제 피폐 속에 북한은 미국과 제네바 합의(1994)를 통한 비핵화를 약속하지만, 비밀 핵 프로그램(고농축 우라늄 개발)이 발각되면서 기만성이 또 드러났다. 제2차 핵위기 (2003)를 일으켰다. 독재 체제를 유지하기 위해 핵무장을 강화했음이 분명하다. 그렇지만 북한은 자신의 핵무장(NPT 조약, 한반도 비핵화 공동선언, 제네바 합의 의무 위반) 때문에 국제사회로부터 점점 가혹해지는 제재를 받게 된다.

지난 6년의 김정은 통치도 다를 바가 없었다. 다른 점이 있다면 핵개발 강화를 통해 대내 권력 기반은 확고히 잡았을지 몰라도 오히려 체제 붕괴의 위험은 더 높아졌다는 점이다. 더구나 독재 3대에 이르러 독재권력 장악의 정당성이 약화된 상황에서 권력 유지를 위해 장성택 살해 등 숙청의 공포정치를 벌인 것 같다. 이에 더하여 김정은은 대외적으로 핵무장 강화·완성을 계속 과시(핵실험, ICBM 발사 등)해왔는데, 미국의 대응 공격 위협을 초래할 정도에 이르렀다.

막다른 골목에서 탈출?

김정은은 독재권력을 세습한 후로는 핵무장-경제발전, 소위 병진노선을 전면에 내세워왔다. 그러던 그가 2018년 1월 1일 소위 신년사에서 병진노선을 수정, 경제발전에 전념해야 한다고 발표했다. 북한이 그토록 오랫동안 국제사회의 제재를 받아가면서도 핵개발을 포기하지 않는 강성을 보여왔는데, 어느 날 갑자기 핵무장을 완성했다고, 더 이상 핵실험, ICBM 발사는 필요 없다고 비핵화 가능성을 내비치면서 남북대화와 관계 개선의 뜻도 표명했다.

그렇지 않아도 북한과의 대화, 관계 개선을 원했던 문재인 정부는 이에 화답하는 제스처(평창 올림픽 이용)를 보여 남북정상회담을 개최했고, 더 나아가 북미정상회담을 주선했다. 북미정상회담 주선을 매개한 핵심이 '북한의 완전한 비핵화' 약속이었던 점은 분명하다. 왜 김정은은 핵무장 완성을 주장하면서도 비핵화 약속 운운하며 남측과의 대화, 미국과의 협상에 나왔을까?

세 가지 이유를 들 수 있다. 첫 번째 이유는 북한이 핵개발 탓에 받고 있는 혹독한 제재로 인한 현재의 경제 파탄과 이것이 지속되면 더 이상 체제 유지마저 어려울 것이라는 상황 판단이 있었을 것이다. 두 번째 이유는 핵개발(핵실험 포함)과 ICBM 위협에 대한 트럼프 행정부의 군사전략, 즉 2017년 11월, 12월 결행하려 했던 대북 선제 정밀 타격이 임박한 상황에서 북한은 회피 수단이 필요했을 것이다.

위에서 얘기한 두 가지 이유는 북한의 핵개발이 갖는 패러독스를 말해준다. 3대째 독재정권이 체제 유지 보루로서 핵무장을 했는데, 바로 그 핵무장 때문에 경제 파탄과 외부의 군사 위협을 받아 체제 붕괴의 임계점에 다다르게 됐다는 패러독스가 엄연히 존재한다. 체제 유지의 보검이라고 하는 것을, 체제 유지를 위해 포기가 요구되는 절박한 상황에서, 일단 포기하겠다고 약속하고 나온 것이다.

세 번째는 (이유라기보다는) 미국과의 협상에서 우위를 차지할 수 있는 환경이 조성됐다는 판단이 있었을 것이다. 남측에 북한을 이해하고 관계를 개선하려는 정부가 다시 들어선 이후이다. 과거 김정일은 남측 김대중 정부의 햇볕정책(흡수통일 반대, 대북경협 제공)에도 불구하고 체제 붕괴를 우려, 핵개발을 지속하고 고립을 심화시켰다. 그는 노무현 정부의 친북적 자세도 활용하지 못했고 건강이 악화(뇌졸중)되어 오히려 권력 승계에 몰두했다. 문재인 정부의 북한 비핵화 문제보다 한반도 평화를 우선시하는 입장을 파악한 김정은은 평화 공세가 비핵화 문제를 압도할 수 있다고 생각했을 수 있다.

막다른 골목(Cul-de-Sac)에 처해 있는 상황을 모면하면서 협상에 유리한 전술 환경이라는 계산을 갖고, 김정은은 비핵화 약속을 매개로 트럼프 대통령을 대화(협상)에 끌어냈다고 본다. 여기에 트럼프 대통령의 국내 정치적 약점(러시아의 2016년 대선 개입 스캔들과 탄핵 가능성 등)을 이용, 협상을 시도하면 의외의 돌파구를 찾을 수 있다는 계산도 했을 것이다.

향후 전망

탑다운(Top-down) 방식의 정상회담에서는 완전한 비핵화의 원칙만 합의할 수밖에 없었는데, 이를 행동으로 옮기는 세부 협상은 이제부터 시작이다. 싱가포르 정상회담 직후 폼페이오 미 국무장관의 평양 방문이 이미 두 차례 있었지만, 북한의 비핵화 문제 해결 이정표는 아직 오리무중이다. 지난 1~2주 사이에는 북한이 비핵화 문제에 뒷걸음치는 모습을 보이고 있어 더욱 실망스럽다.

북한이 비핵화의 초기 조치(포기할 핵 목록 제출)를 거부하고 그보다는 (한국전) '종전선언' 채택을 요구하고 있다. 이에 대해 미국은 애당초 김정은이 '완전한 비핵화'를 약속하고 대화를 제의했기 때문에 싱가포르 정상회담에 응한 것이므로 북한이 비핵화 초기 조치를 먼저 취하라고 요구하고 있다.

북한이 종전선언에 계속 집착하는 태도를 보이자 미국은 북한의 비핵화 이행에 심각한 의심을 갖기 시작했으며, 트럼프는 폼페이오 장관의 계획된 3차 평양 방문을 취소했다. 북한이 벌써 딴소리하기 (moving the goal-post) 시작했다거나 과거 비핵화 약속을 깨는 기만을 재연하는 것 같다는 회의론이 대두되고 있다.

지난 4반세기 동안 국제사회는 북한이 비핵 의무를 위반하고 핵무기를 개발해온 데 대해 일방적 제재만이 아닌 당근과 채찍을 병행하며 대응해왔다. 1990~2000년대까지만 해도 국제사회는 북핵 해결을 위한 외교적 설득 노력과 함께 대북 경제 지원도 같이 시행한 바 있다. 제한적이나마 대북 사업 진출도 가능했다.

그러나 지금은 유엔의 대북 경제 제재가 최고조에 달해 있고, 특히 미국의 제재가 북한과 거래하는 모든 제3국의 경제주체(entities)에까지 금융 제재가 시행되는 상황이기 때문에 외부의 대북경협이나 기업 진출은 완전히 막혀 있는 상황이다.

북한이 먼저 비핵화를 하겠다고 했고, 그래서 어렵사리 개최된 북미정상회담을 보고 나서는 이제 북한과, 과거와는 달리 무언가 이루어질 것 같은 생각을 갖게 했다. 그래서 대북 경제 진출 논의가 뜨거워졌던 것이 아닌가 생각된다. 그러나 북한의 본색, 즉 지금 북한이 보여주는 태도, 기만적 행태는 과거와 크게 다를 바 없음을 드러낸다.

여기에 더하여 예측 불허의 트럼프가 어떻게 나올지도 현재로선 가늠하기가 힘들다. 과연 북한이 비핵화 약속을 이행할 것인지조차 불확실한데, 대북 제재가 언제 어떻게 완화되거나 해제될 것인가는 더더욱 불투명하다.

그럼에도 시대는 30년 전에 비해 많이 달라졌다는 생각을 해보면 북한 변화에 대한 일말의 희망과 그 가능성을 완전히 배제하기엔 이른 감도 있다. 당사자 모두가 문제의 핵심을 호도하지 말고 정면 돌파하는 지혜가 필요하다. 늦더라도 언젠가는 북한이 변화할 수밖에 없는 상황이 반드시 올 것이라고 생각한다. 그 변화가 체제 붕괴에 따른 운명적 변화가 될지는 아무도 모르는 일이지만….

2

대북 사업
계약 십계명

김동수 율촌 북한팀장(조세그룹 대표 변호사)

(1) 리스크를 먼저 생각하라

북한 사업은 많은 위험 요소를 감내하고 시작한다는 점을 염두에 두고 최대한 보수적으로 확실한 규모에서 시작하는 것이 무엇보다 중요하다.

남북한 교역은 1989년 시작한 이래 외부적 여건에 따라 큰 부침을 겪어왔다. 1989년 25개 품목 1,872만 달러를 시작으로 남북한 교역 규모는 점차 증가하여 2010년 795개 품목 19억 1,224만 달러를 기록하기도 했으나 2010년 5·24 조치로 인해 개성공단을 제외한 모든 교역 활동이 금지됐다. 이후 유일한 협력 창구였던 개성공단이 활성화되면서 2015년 남북한 교역액 규모는 742개 품목 27억 달러로 최고 수준에 달하기도 했다.

그러나 북한의 장거리탄도미사일 발사 및 핵실험 등으로 인해 국제적 차원에서 북한과의 교역을 차단하는 UN 제재가 본격화되면서 2016년에는 약 3억 3,000만 달러, 2017년에는 90만 달러까지 남북 교역은 격감했다.

남북 교역에 참가하는 기업인들로서는 어찌할 수 없는 외부적 환경에 의해 큰 영향을 받는 것이 남북 교역과 대북 투자사업이라는 점을 잊어서는 안 된다. 5·24 조치 이후 대북 교역 및 경협에 관여하던 960여 개 업체 가운데 377개(39.2퍼센트)가 폐업했으며, 나머지 업체들도 경영상 어려움을 겪고 있다. 또한 5·24 조치 이후 200개 이상의 업체가 대북 송금과 관련한 규정 미준수로 인해 관세청, 경찰 및 검찰 등으로부터 조사를 받기도 했다.

국가 간 갈등으로 인한 제재 조치 이외에도 북한 내부의 힘겨루기 등으로 인한 인적 구성의 급격한 변화 역시 큰 리스크라 할 수 있다. 아울러 북한 내부의 정책 결정 프로세스는 여전히 밖에서 파악하기 어려우므로 급속한 정책의 전환, 기존 결정의 번복 등도 무시할 수 없는 위험 요소라 할 수 있다.

그럼에도 북한 사업을 추진하는 이유는 남이 가지 않은 길을 감으로써 더 높은 수익을 올릴 수 있다는 기대와 미래에 대한 투자라는 판단에 따른 것이라 생각한다. 이러한 면에서 볼 때 불확실한 미래가 현재의 기반을 무너뜨리지 않도록 하는 것이 대북 사업의 핵심이라고 생각한다. 잘되었을 때의 장밋빛 미래보다는 문제가 발생했을 때 감당할 수 있는 범위가 어디까지인지를 먼저 판단하고 진행하는 것을 권해드리고 싶다.

(2) 계약 전 상대방의 권한 및 대표성을 파악하라

북한을 대상으로 사업을 진행할 경우 정보가 제한된 상태에서 상대와 협의를 진행하고, 계약을 체결해야 하는 경우가 많다. 북한 측 파트너와의 직접 접촉과 확인이 곤란하다는 특성상 다양한 중개인과 중개업체가 개입하는 경우가 많지만 이들을 전적으로 신뢰하기 어려운 경우가 많다는 점을 명심해야 한다. 협상 단계에서 이들 중개인 등이 과거 어떤 성과를 거두었는지를 확인하고 국내 해당 기업과 접촉하여 관련 정보를 점검하는 등의 확인 작업이 반드시 필요하다.

협의 과정에서는 무엇보다 북한 측 파트너가 계약 체결 및 이행에 대한 권한을 얼마나 부여받고 있는지를 확인하는 것이 매우 중요하다. 북한의 남북경협기구는 통일전선부, 아시아태평양위원회 및 조선민족경제협력연합회(이하 민경련)가 대표적이다. 통일전선부는 대화, 교류, 협력 및 첩보 등을 총괄하는 상위기구이며, 아시아태평양위원회는 대규모 거대 경협을 다루고 있다. 반면 민경련은 일반 기업을 대상으로 한 대부분 경협의 대표적 창구로 기능하고 있다.

이 밖에도 북한은 내각, 제2경제위원회, 노동당 및 군부 등이 각각의 대외경제 담당 조직 및 기구를 가지고 운영하고 있다. 이들 조직은 독자적인 무역 활동을 수행하고 있으므로 이러한 구조에 익숙하지 않은 경우 매우 혼란스러울 수밖에 없다. 원칙적으로는 무역성의 관리·감독을 받아야 하지만 실제로는 개별 기업이 소속된 당, 군부 등 상위조직에 의해 통제되고 있다는 점을 항상 염두에 두어야 한다.

수산물을 예로 들어보면 수산물을 취급하는 북측 기업 가운데 조선대성무역총회사는 노동당 39호실 소속, 조선광명무역총회사는 내각 소속, 조선릉라도무역총회사는 노동당 평양시 당위원회 소속, 조선매봉무역회사는 인민무력부 소속인 상황이다. 이렇듯이 교역과 무역에 '당' 또는 '군' 등 다양한 주체가 개입하고 있다.

한 가지 사업 아이템을 놓고 북한 내부적으로도 다수의 기관들이 얽혀 있기 때문에 이들 간의 관계를 종합적으로 파악하는 것은 매우 힘들다. 또한 특정 사업에 대해 어느 기관이 독점권이나 우선권을 확보하고 있는지도 확인하기 힘들 뿐만 아니라 확보된 권한 등도 손쉽게 변경·박탈되는 경우가 많다. 이렇기 때문에 권력층과의 관계나 친분 등을 내세울 경우 쉽게 의존하고 전적으로 의지하게 되는 경우가 생겨난다. 그렇지만 이는 매우 위험하다고 볼 수 있다.

너무나 당연한 이야기겠지만, 최대한 다양한 경로로 협력사업과 관련한 의사결정체계와 책임자를 파악하고 검증해야 하며, 이들과 권력 상급기관과의 관계 역시 파악하도록 노력해야 한다.

계약 체결 시 북한 측 계약 당사자를 민경련 혹은 산하 총회사로 한정 짓지 말고 계약을 이행할 생산기관과 당, 내각, 지역 인민위원회 등 상위기관을 계약서에 함께 명기하는 방식으로 상위기관의 보증을 받는 방식도 검토해보는 것이 필요하다. 예를 들어 ○○성 산하 ○○무역회사라고 정확히 기재할 경우 문제 발생 시 상위기관에 해결을 요청할 수도 있다. 물론 이러한 보증의 실제 효력 여부에 대해서는 의견이 엇갈리며, 오히려 상급기관 명기 시 금품 등의 별도 대가를 요구하는 경우도 있다. 그러나 이러한 부담을 지고서라도 상급기관을 명기하는 것이 낫다는 게 경험자들의 의견이다.

(3) 선급금은 신중하게 판단하고, 사업목적 외 지원 요청을 염두에 두라

사업 진행에 있어 선급금은 필수적 요소지만 선급금을 지불한 이후에는 상대에게 주도권을 넘겨주고 끌려가는 경우가 많았다. 각 단계별로 행동 대 행동으로 지불될 수 있도록 단계와 지급 규모를 명확하게 합의하고 이를 계약서에 반영하는 것이 필요하다.

과거 남북경협 사업 시 북한 측이 계약 체결을 전후해 선급금을 요구하거나 설비, 자재, 운송수단의 선투자를 요구하는 경우가 많았다. 왜 이런 요구를 할까? 북한 측의 내부 사정을 이해할 필요가 있다.

1992년 북한은 새로운 무역체계를 발표하고 개별 기업소 단위에서도 무역 활동을 수행할 수 있도록 했는데, 이는 자율권 부여라기보다는 개별 생산단위가 자체적으로 자재와 자금을 알아서 확보해야 한다는 의미이기도 하다. 각 무역단위는 이러한 비용과 자재를 조달하기 위해 선급금을 요구하는 경우가 많다. 또한 사업 실패 시 제기되는 책임을 회피하기 위한 보험 성격으로 선급금을 요구하는 경우도 있다. 이러한 면에서 선급금은 상호 신뢰 구축을 위한 비용으로 간주될 수도 있다.

그러나 선의로 지급한 선급금을 수령한 후 북측이 제대로 계약을 이행하지 않는 경우가 많아 남측 기업을 어렵게 한 사례가 다수 있다. 실제 북한 모래 반입 시 중간무역상들이 우리 측에 무리한 선급금을 요구했고, 선급금 지급에도 불구하고 일방적으로 교역을 중단시켜 선급금을 떼이는 일까지 벌어지기도 했다.

계약서 상에 선급금의 규모, 지급 시기 등을 명기하고, 이에 따른 북측의 의무 등을 확실하게 정해놓을 필요가 있다.

또한 북한과 사업을 진행하다 보면 사업과 직접 관련이 없는 각종 차량, 기자재, 운영비용 등의 제공을 요구하는 경우가 많다. 지난 20여 년간 남북 교역 과정에서 우리 기업인들은 일반 상업거래에서 접할 수 없었던 북한 특유의 상업 관행 거래로 인해 많은 어려움을 겪어왔다. 이러한 어려움은 사실 대한민국 기업인뿐만 아니라 남북 교역 이전에 진행되었던 조총련계 재일조선상공인들의 투자에서도 나타난 바 있으며, 최근 북한 무역을 독점하다시피 하고 있는 중국의 기업인들도 겪고 있다.

과거 북한과의 교역 및 투자 사업을 진행해본 경험자들이 이구동성으로 지적하는 어려움 가운데 대표적인 것은 '협찬과 지원 요청'이다. 사업 자체와 별 관련성 없는 각종 물품이나 기자재 등을 요구하는 관행은 매우 뿌리 깊게 자리 잡고 있다. 지원 요청의 대상은 각종 생활필수품부터 시작해서 생산 활동과 관련 없는 자동차의 제공까지 다양할 뿐만 아니라, 심지어 차량 운행을 위한 유류 및 부속품 등 유지운영에 필요한 물품과 비용 일체를 지원해줄 것을 요청하는 사례도 있는 등 그 폭과 범위가 매우 넓다 할 수 있겠다. 문제는 이러한 요청을 수용하지 않을 경우 북한 측이 사업 활동에 있어 비협조로 일관하는 태도를 보인다는 점이다. 이로 인한 피해는 모두 우리가 부담할 수밖에 없는 실정이기 때문에 부당한 요청에 대해서도 상당 부분 들어주면서 협력관계를 유지해온 사례가 많다.

상호 협력과 신뢰 형성을 위한 성의를 표시한다는 생각으로 일정 부분 감수해야 할 과정으로 인식하고 협상 단계에서 이와 관련된 논의를 미리 진행하는 것이 바람직하다. 어느 정도까지 가능한지를 사전에 상호 협의하되 그 시점에 대해서는 품질, 생산량 등 객관적 지표를 제시하고 이를 달성할 경우 제공하는 것으로 하는 방안을 권해드리고 싶다.

(4) 품질관리와 관련한 기준과 하자에 대한 상계 규정에 합의하라

우리 측 기술인력의 현지 파견 및 현장 지도가 어렵다는 것을 명확히 인식해야 한다. 우리가 아무리 해외 무역 및 해외 생산현장 운영 경험이 있다고 하더라도 북한은 국제적인 규칙이 잘 통용되지 않는 곳임을 명심해야 한다. 노무관리 측면에서 과거 개성공단에서는 우리 기업에는 관리 권한이 부여되지 않고 전적으로 북한 측 직장장, 총무에게 채용·배치 및 노무권리 권한이 일임된 바 있다.

북한은 지난 20여 년간 남북경협 그리고 최근에는 중국과의 교역 확대를 거치면서 예전보다는 품질, 납기 준수 등의 중요성에 대한 인식이 좋아졌다는 평가를 받고 있다. 그러나 여전히 부족함이 많은 것 역시 사실이다. 우리 측의 검수 또는 생산 지도 인력이 북측에 상주할 수 있다면 많은 문제를 쉽게 해결할 수 있으나 이것이 여의치 않기 때문에 계약서 작성 시 품질관리와 관련한 사항을 정확하게 명시하고 상호 합의하는 것은 매우 중요하다.

생산된 제품의 하자 여부를 둘러싼 갈등이 발생하면 해결까지 많은 시간이 소요되기 때문에 계약 단계에서부터 생산되는 제품의 평가 기준에 대한 상호 간의 구체적 합의가 선행되는 것이 바람직하다.

초기 단계부터 너무 높은 기준을 적용할 경우 상호 갈등을 초래할 수 있으므로 단계적으로 기준 및 검수 조건을 높이는 방식을 채택하는 것도 대안이 될 수 있다. 과거 사례를 살펴보면 북한 측의 위탁가공 경험이 많아질수록 품질만족도도 높아지는 경향을 보이고 있으므로 상대 측의 업력 및 제품 생산 난이도를 종합적으로 고려하여 기준을 정하는 것이 바람직하다. 또한 일정 수준 이상의 품질을 유지할 경우 그에 따른 인센티브를 제공하는 것도 고려해볼 수 있다.

이와 같은 사항을 계약서에 명기함은 물론 검수 절차, 평가 기준 등에 관한 사항도 별도의 문서로 작성하고 이러한 사항에 대해 상대가 이해했는지를 확인 또 확인한 이후 계약을 체결하는 것이 바람직하다.

과거의 사례를 보면 북한에서 생산하거나 제공한 물품에서 불량 등이 발생하거나 납품 지연 등이 발생할 경우 지급하기로 한 대금에서 차감하는 형태로 사업을 진행하는 것이 일반적이었다.

불량의 경우 제품 생산 과정과 운송 및 보관 과정에서 모두 발생할 수 있으므로 이에 대한 책임을 명확히 하는 것이 필요하다. 제품 생산의 경우 앞서 언급한 대로 품질관리에 관한 기준에 상호 합의할 경우 상당 부분 해결이 가능하다. 그렇지만 운송 및 보관 과정에서 발생하는 문제는 상호 책임 소재를 규명하기 어려운 경우가 많다. 북한의 열악한 운송 시스템과 전력 사정으로 인해 보관과 이동 시 부패, 변질, 파손 등의 문제가 발생할 가능성이 매우 높다.

협상 과정에서 향후 발생할 수 있는 다양한 문제점에 대해 상호 폭넓게 협의하고 이에 대한 대책을 마련함과 동시에 사건 발생 시 유형별 책임 소재를 상호 협의를 통해 명확히 하는 것이 필요하다. 특히 납기 지연의 경우 열악한 교통망 등으로 인해 발생할 가능성이 있으므로 이에 대한 책임 소재를 사전에 확정함과 동시에 충분한 여유를 가지고 생산 및 운송이 이루어질 수 있도록 계획을 세우는 것이 중요하다.

최근 북한은 중국과의 무역 및 임가공 확대 등에 따라 과거와 달리 생산 계약과 운송 등에 대한 경험이 많이 축적되고 있다. 동종 업계의 중국 업체가 북한과 체결한 계약 내용 및 이행 실태 등에 관한 정보를 충분히 수집하여 이를 토대로 협상과 계약을 진행하는 것이 바람직할 것이다.

(5) 생산설비 및 원부자재 보관·회수에 관한 사항을 반드시 점검하라

과거 북한과의 경협 과정을 살펴보면 북측 파트너가 불요불급하거나 필요 이상의 설비와 원부자재 공급을 요청하는 경향이 많았다. 관련 원자재의 원활한 공급 및 설비의 유지보수가 원활하지 않음을 고려할 때 충분한 설비와 자재를 미리 확보할 필요성은 충분히 인정할 수 있지만 그 양과 범위가 필요 이상인 경우가 많았다.

북측이 생산에 필요한 설비를 보유하고 있을 경우에는 다행이지만 그렇지 않은 경우에는 우리가 설비를 제공해줘야 하는데, 이 경우 설비의 소유, 유지관리 책임, 계약 종료 후 반출 등에 관한 사항을 충분히 확인해야 한다. 과거 북측은 우리 측에서 제공된 각종 설비를 계약된 생산 과정에만 사용하지 않고 우리와 협의 없이 일방적으로 다른 물품의 생산에 활용하는 경우가 많았다. 또한 부품의 고장 등을 이유로 각종 부품 등을 공급받은 이후 이를 외부에 판매하는 경우도 있었다.

계약 체결 시 이러한 문제 발생을 차단하기 위해 제공된 각종 생산설비와 원부자재의 유지관리 책임을 명확히 할 필요가 있다. 또한 설비와 원료 및 완성된 제품의 보관에 필요한 각종 시설의 존재 여부 및 운영 실태를 점검하고 관리 및 운영 책임을 명확히 구분할 필요가 있다. 북한 측의 열악한 전력 및 도로 사정으로 인해 제공된 원부자재 및 생산물품이 제대로 관리·반출되지 못해 변질 또는 폐기되는 사례가 많으며 설비의 안정적인 운영에도 어려움을 주기 때문에 전력, 용수 등 기반시설에 대한 점검과 확인이 반드시 이루어져야 하며, 자가발전기 및 관정 개발 등의 조치가 필요할 수도 있음을 염두에 두어야 한다.

잉여 원부자재 또는 재고 및 부산물 발생 시 처분 권한 및 이익 배분에 대해서도 사전에 논의하여 합의한 사항을 계약 시 포함시켜야 북측의 자의적 권한 행사를 일정 부분 제약할 수 있다.

계약 종료 후 투입된 설비의 처리 방안에 대해서도 사전에 협의하는 것이 필요하다. 북한 측은 통상 설비에 대해 자신들에게 처분 권한이 있다고 생각하는 경향이 강하다는 점을 염두에 두고 감가상각 등을 고려하여 적절한 방안을 모색하는 것이 좋다. 설비 반출의 경우 북한 당국의 허가, 운송비용 등 고려할 사항이 많으므로 관련 사항을 사전에 충분히 확인해야 할 것이다.

(6) 토지 및 건물에 대한 권리 보장이 어렵다는 점을 잊지 마라

등기 시스템이 존재하지 않기 때문에 내가 투자한 금액으로 그에 상응하는 권리를 보장받기 어렵다는 점을 인식해야 한다.

북한의 경우 1993년 제정된 토지임대법(외국 기업에 한하여 토지 임대를 허용)이 있지만 투자자에 대한 권리 보장에는 한계가 많다. 투자자가 계약대로 토지 개발을 하지 않을 경우 예외 규정 없이 이용권이 박탈되며, 계약에 명시된 투자 몫을 전액 투자해야 한다는 강제조항이 포함돼 있다. 또한 저당권 관련 규정이 없어 건축물과 기타 부착물 처분에 관한 사항이 모호하다.

이보다 더 큰 문제는 북한에는 공장을 비롯한 사업장 부지의 경계선을 표시할 지적도가 없다는 점이다. 땅의 위치와 종류, 소유관계 등을 표시한 지적도가 없다는 것은 특정한 토지 및 건물에 대한 권리를 주장할 근거가 불분명하다는 이야기다.

과거 개성공단 건설 과정에서 이와 같은 문제가 제기되어 개성공단 지역에 대해서는 2007년 대한지적공사(현 국토정보공사)가 측량사업을 실시하고 이를 토대로 개성에 우리나라 등기부에 해당하는 등록부를 창설한 바 있으며, 이를 토대로 기업들의 토지이용권을 보장할 수 있었다.

개성공단 입주기업들은 해당 부지에 대한 50년 이용권을 확보하여 입주했는데 주의할 점은 토지이용권의 대가와 토지사용료는 별개라는 점이다. 토지사용료는 개발업자가 토지임대계약을 체결한 날로부터 10년 후부터 부과되는 일종의 토지세라고 생각하면 된다.

이용권은 제3자에게 판매·대여 및 담보 설정 등이 모두 허용됐다. 저당권의 경우 설정, 순위 등 기본적인 사항은 우리 민법과 거의 유사하며, 저당물의 처분(임의경매)의 경우 관리기관에 경매를 신청하도록 하고 있다.

북한은 '경제개발구법'을 통해 개성공단과 유사한 별도의 경제개발구역 설치를 진행 중이며, 이 법에는 투자자의 재산과 이익, 권리 보호에 관한 원칙이 포함돼 있다. 이를 통해 북한도 외국인 투자를 위해서는 투자자의 권리 보장이 필요하다는 사실을 인식하고 있는 것으로 보이지만, 아직까지 부족한 점이 많다.

이와 같은 점을 고려할 때 북한에 대한 투자 시 법률을 통한 토지 및 건물에 대한 권리 보장은 매우 제한적일 수밖에 없다는 점을 염두에 두고 협상과 계약을 진행해야 할 것이다. 가급적이면 북한이 새로 지정·조성하고 있는 특구를 대상으로 투자하는 것이 권리 보장에 있어 조금이라도 유리할 수 있다.

(7) 북한의 세무 규정을 최대한 숙지하고 전문가의 자문을 반드시 받아라

북한과의 경협 과정에서 북한 측에 납부해야 하는 세금에 대해 많은 주의를 기울여야 한다. 북한의 세금과 관련된 법률과 관련 규정이 모호하기 때문에 분쟁이 발생하기 쉽다. 과거 개성공단의 경우 세금에 관한 사항은 '개성공업지구 세금 규정'에서 정하고 있었는데 8개 세목을 86개 조문에 모두 담고 있어 실제 운영 과정에 있어 많은 문제점을 드러낸 바 있다.

지난 개성공단의 경험을 토대로 살펴보면 북한 측은 우리 측이 산정하여 제시한 이전가격에 대해 강한 불신감이 있다. 주된 쟁점 부문은 매출 축소, 무상 임대, 무이자 자금 대여에 관한 사항이었다. 북한 측은 우리 측이 개성공단에서 발생한 매출과 이익을 의도적으로 축소하거나 심지어 적자로 만들었다고 생각하며, 기업 간 중요 자산을 무상으로 임대해줘 임대소득을 회피하거나 자금 대여에 있어서도 무이자임을 들어 이자수입에 대한 세금 추징을 고의로 회피했다고 간주했다.

이러한 불만 누적에 따라 2009년 4월부터 북한 측은 우리 측에게 개성공단과 관련한 특혜를 전면 재검토하겠다고 밝혔으며, 결국 2012년 8월 북한 당국은 일방적으로 고의적 세금 누락액에 대해 3배까지 벌금을 물릴 수 있도록 한 '개성공업지구 세금 규정'을 무시하고 200배까지 벌금을 물릴수 있도록 세금 규정 시행세칙을 일방적으로 개정하겠다고 통보했고, 실제 123개 입주업체 가운데 9곳에 대해 16만 달러를 납부하도록 한 바 있었다.

북한의 경우 세금 및 회계에 관한 경험과 인력이 부족하기 때문에 국제적으로 통용되는 회계 기준과 통례가 적용되지 않을 수 있다. 개성공단에서 북한 측은 입주기업을 대상으로 규모에 따른 차등 없이 모두 회계 검증을 실시했으며, 이에 대한 대가로 매출액의 2.5퍼센트 수준의 비용을 징수한 바 있다. 반면 북한의 세정 관련 기록은 어떤 면에서 우리보다 더 치밀한 면이 있기도 하다. 개성공단에 반입되는 모든 물건에 대해 북한 측 세무직원이 일일이 확인하면서 도장을 찍어가며 확인한 끝에 우리 측으로부터 세금을 추징한 사례도 있었다.

향후 북한 측에 대한 사업장 개설 및 경협 등에 있어서 세금 문제는 또다시 양측 간의 갈등을 초래할 가능성이 높으므로 초기 단계부터 많은 주의를 기울여야 한다.

이 밖에도 세금과 관련한 규정은 모호한 점이 많다는 점을 잊지 말아야 한다. 개성공단을 기준으로 살펴보면 당시 북한은 3년간 법인세 면제, 2년간 법인세 50퍼센트 감면의 혜택을 부여했다(이후에는 업종에 따라 10~14퍼센트). 그러나 기준이 되는 설립 승인 시점 산정 기준 및 북한 측에 납부해야 하는 토지사용료의 비용 인정 여부 등 모호한 점이 많았다. 또한 경영권과 관련해서도 이사회의 표결 방법이나 이사장 선출 방법 등 세부적인 사항이 제대로 정비되지 않는 등의 문제가 있었다.

관련 규정의 정비는 결국 남북한 당국의 협의 및 이에 따른 북한 내부의 절차를 거쳐야 하므로 많은 시간이 소요될 가능성이 높다. 이에 따라 그 이전에 북한과의 사업 추진 시에는 기존 규정에 대한 면밀한 검토와 변경된 규정 등에 대한 확인을 해당 분야 전문 변호사 등을 통해 진행하는 것이 바람직할 것이다.

(8) 임금, 고용 및 보험에 관한 사항에 주의하라

북한과 경협을 추진하는 기업들의 가장 큰 목적은 '북한의 우수한 인력을 상대적으로 저렴한 가격에 활용'하는 데 있을 것이다. 과거 북한은 자국의 노동력 수준 및 적정 임금 수준에 대해 정보가 부족했으나, UN 대북 제재 이전까지 활발하게 진행되었던 중국을 비롯한 외국과의 임가공 위탁 및 노동력 해외 파견 등을 통해 적정한 임금 수준에 대해 많은 것을 알고 있다.

과거 개성공단의 경우 남북은 최저임금 수준에 합의했고, 개별 기업들은 자율적으로 이보다 높은 수준으로 지급하도록 돼 있었지만 우리나라 모든 기업은 최저임금 수준의 임금만을 지급했다. 초기에는 북측 인력의 숙련도 부족 등의 이유로 인해 이러한 입장이 타당했으나 북측 인력의 생산성이 초기 6,000달러에서 점차 상승하여 나중에는 1만 2,000달러까지 올라갔음에도 불구하고 우리 측은 끝까지 북측의 임금인상 주장을 받아들이지 않아 양측 간 갈등의 원인이 되기도 했다.

북한 현지에서 생산 활동을 수행함에 있어 가장 중요한 요소 중 하나는 적정한 인력의 확보이다. 채용·배치 및 해고는 북한법에 따라 이루어지는데 과거 사례를 살펴보면 북한 내에서도 지역별로 다른 규정을 적용했다. 가령 개성공단의 경우 근로자의 선별채용을 허가했으나 나선지대의 경우 선별채용을 금지하기도 했다. 해고의 경우 개성공단에서는 일정 요건하에서는 알선 기관 및 우리 측의 노동조합에 해당하는 직업동맹조직과 합의하지 않아도 가능했다. 사실 개성공단에서는 처음부터 직업동맹조직을 인정하지 않았다. 이러한 개성공단의 사례가 다른 지역에서도 동일하게 적용되는지에 대해 주의를 기울여야 한다.

아울러 고려해야 할 점 가운데 하나는 '보험'과 관련된 사항이다. 개성공단의 경우 '개성공업지구 보험 규정'에 따라 입주한 모든 기업에 보험 가입의무를 부과했는데, 실제 가입 가능한 보험은 북한 당국이 지정하는 1개 보험사의 상품밖에 없었다. 이러한 독점으로 인해 남측의 8배에 이르는 높은 보험 요율도 문제였지만 과연 북한의 보험사가 충분한 지급 능력을 확보했는지에 대한 의문이 제기되기도 했다. 통상 보험사들은 국제적 재보험사에 들어 리스크를 분산하지만 북한 보험사를 받아주는 재보험사는 없었기에 문제가 됐다. 실제 몇몇 기업은 실효성을 이유로 보험 가입을 거부하기도 했으나 이 경우 1만 달러에 달하는 벌금 납부조항이 있어 진퇴양난에 처하기도 했다.

향후 남북경협이 본격화될 경우 보험 문제는 양국 간 협의를 거쳐 개선되어야 할 우선 과제이지만, 그 이전에 북한과 계약을 체결할 경우 이와 관련한 사항을 정확히 파악하고 비용에 포함시켜 고려해야 함을 명심해야 한다.

(9) 대금지급 절차와 방법의 합법성을 충분히 검토하라

일반적인 수출입 절차에 따른 신용장 발급, 송금 등이 여의치 않음을 고려하여 여러 가지 방법을 사전에 충분히 검토해야 하고, 현행 법률 준수 여부 역시 확실하게 해야 한다.

북한 측에 대금을 지급할 경우에는 무엇보다 '남북 교류·협력에 관한 법률'(남북 교류·협력법)상 대금결제에 관한 사항을 위배하지 않는지에 대한 검토가 필요하다. 남북 교류·협력법 제13조 제1항에서는 대금결제 방법에 대해 통일부장관의 승인을 받도록 하고 있다. 그런데 4항에서는 일정한 범위를 정하여 포괄적으로 승인할 수 있도록 하고 있는데 이 포괄적 승인에 대해 기업 측이 자의적으로 해석하여 문제가 된 사례가 있다. 북한산 모래의 경우 여러 차례에 걸쳐 정기적으로 반입되다 보니 관행적으로 반입 시마다 통일부장관의 승인을 받지 않고 물품대금을 북측으로 송금했는데 이것이 문제가 되어 경찰 및 검찰 조사를 받은 사례가 있다.

남북한 관계는 통상적인 환결제 제도가 구축되지 않아 남북한 간의 거래대금 지급은 당사자 간 신뢰관계에 기초한 결제 방식에 의존해왔다. 과거 대금결제는 제3국 소재 북한 측 계좌로의 송금 방식이 주를 이루었고 현물거래(대치물품, 물물교환) 등이 관행적으로 유지되어 왔다. 북한은 통상적인 신용장(Letter of Credit)이나 추심(Collections) 방식 대신 송금 및 현금 전달 등의 거래 방식을 선호하고 있다. 낮은 대외 신용도와 국제사회의 대북 제재를 회피할 목적으로 금융기관의 개입이 없는 비공식 거래 방식을 선호하기 때문이다.

북측에 대한 송금은 원칙적으로는 '남북 교류·협력에 관한 법률'에 의거, 한국은행에 신고한 후 통일부장관의 승인을 받아야 하지만 이를 이행하지 않고 송금하거나 현금으로 대금을 지급한 경우가 많았다. 그 결과 5·24 조치 이후 대북 송금과 관련하여 외환관리법 위반, 세금 탈루, 밀수 등의 혐의로 수사를 받는 기업들이 다수 발생하기도 했다. 가장 바람직한 것은 남북한 정부 간에 관련 규정을 정비하는 것이겠지만 그 이전에 기업들은 관련 규정을 숙지하고, 리스크를 최소화하도록 해야 할 것이다.

향후 제도 정비가 이루어지면 안정적인 대금지급 절차가 마련될 수 있겠지만 그 이전까지는 직접 현금지급은 최대한 피하고, 수령 여부를 확인할 수 있는 수단을 확보하도록 노력해야 할 것이다.

(10) 분쟁 조정이나 피해 구제가 어렵다는 사실을 고려하라

북한과의 협력 과정에서 발생하는 분쟁의 경우 일반적인 국제분쟁조정기구에 의한 조정이나 남북 상사중재위원회를 통한 조정이 용이하지 않음을 명심해야 한다.

북한은 지난 1999년 대외경제중재법을 만든 바 있다. 분쟁 조정과 관련한 사항을 살펴보면 당사자가 협의로 해결하도록 노력하고, 실패 시 북한이 정한 중재 또는 재판 절차로 해결하도록 정하고 있다. 그러나 공정한 분쟁 해결을 담보할 장치가 부족하고 법적 집행력이 의문시되는 문제가 있다. 무역과 투자에 따른 분쟁에 대해서는 많은 국가가 뉴욕 협약 및 워싱턴 협약에서 정한 사항을 근거로 해결하고 있으나 북한은 모두 미가입한 상황이다.

과거 경협 과정에서 발생한 다양한 클레임에 대해 북한은 많은 경우 충분한 대응을 하지 않았다. 여러 가지 이유가 있겠지만 계약구조 자체의 문제를 지적할 수 있다. 많은 경우 북한 측 계약주체는 단일화된 창구인 민경련인 데 반해 우리는 다수의 기업이다 보니 민경련이 클레임을 제기하는 기업에 타 기업과의 계약 체결 가능성을 언급하거나 원산지증명서 미발급 등의 조치를 통해 우리 기업의 클레임 요구를 철회하도록 요구하는 사례가 있었다. 우리 측은 거래 지속을 위해 계약 위반행위에 대해 이의를 제기하지 않고 넘어가는 사례가 많았다.

그러나 반복되는 계약 위반행위나 불필요한 금품 요구 등에 대해서는 강력하게 클레임을 제기하는 것이 바람직하다. 그리고 이의 제기에 대해 보상행위가 진행되지 않는다면 거래를 단절하는 관행을 정착시켜야 할 것이다. 중국의 경우 북한의 계약 위반행위에 대해 거래 단절로 응수하는 것이 일반적이기 때문에 북한이 되도록 신용을 지키려 노력한다고 한다. 사실 북한은 남북경협 중단 이후 확대된 중국과의 교역 및 경제협력 과정에서 '신용이 곧 돈'이라는 논리와 엄격한 품질관리 및 고정고객 관리가 중요함을 인식하게 됐다고 한다. 남한과의 거래와 협력에서도 같은 기준이 적용되도록 노력할 필요가 있다.

마지막으로 당부하고 싶은 말은 북한은 아직 법치가 자리 잡지 못한 국가라는 사실을 잊지 말아야 한다는 점이다. 개혁·개방에 나선 지 40년이 되어가는 중국도 여전히 법률과 제도보다는 관리자나 정책결정권자의 의지와 뜻이 우선하는 경우가 많음에 비추어볼 때 북한에서 제도와 규정이 자리를 잡으려면 오랜 시간이 걸릴 것이다. 현재 북한의 법령과 제도를 분석해보면 하위법이 상위법에 우선하는 모순된 경우도 많을 뿐만 아니라, 실제 현장의 집행 과정에서 일관성이 부족한 경우가 많다.

이러한 점을 명심하고 북한과의 경협 시에는 과감함보다는 신중함으로, 북한의 제도와 법률에 대한 경험과 지식이 풍부한 변호사의 도움을 받아가면서 협상 및 계약을 진행해야 한다는 점을 다시 한번 강조한다.

3

대북 제재와 남북경협

신동찬 율촌 변호사

남북경협에 앞서 미국의 대북 제재 저촉 여부를 살펴야 하는 까닭

김대중 정부 및 노무현 정부 시절에는 금강산 관광 및 개성공단 등 남북 교류가 활발히 일어났었고, 현 정부 들어서도 평창 올림픽을 전후하면서부터 다방면에 걸쳐 남북 교류가 있었으며, 여러 가지 남북경협이 논의되고 있다. 그러나 김대중 정부 및 노무현 정부 시절과 현재가 다른 점이라면 북한의 핵 및 (탄도)미사일 프로그램의 진행에 따라 유엔과 미국, EU 및 우리나라와 국제사회가 엄격한 대북 제재를 시행하고 있기 때문에 어떠한 남북경협을 진행하고자 하더라도 먼저 대북 제재에 저촉되는지 여부를 살펴야 한다는 점일 것이다. 물론 판문점 선언 및 싱가포르 정상회담 이후에 남북한 및 미국

간에 화해 무드가 조성되고 있으나 미국이 이란과의 핵합의를 이루고도 이를 파기한 것에서도 잘 알 수 있듯이 이른바 불량 국가(rogue state)에 대한 국제사회, 특히 미국의 경제 제재는 언제든지 부활할 가능성도 있다. 특히 북한의 비핵화에 대한 합의가 아직까지는 제대로 이루어지지 않은 상황이기 때문에 기존 대북 제재가 완전히 해제되기 전까지는 남북경협에 나서고자 하는 기업인들은 하고자 하는 대북 교역 내지 투자가 대북 제재에 저촉되는지 여부를 사전에 전문가와 충분히 상의해야 할 필요가 있다고 하겠다.

대북 제재는 UN 안전보장이사회의 결의안을 통한 대북 제재와 우리나라와 미국 등 UN 회원국들이 같은 결의안을 집행하기 위해 개별 국가의 주권에 바탕을 두고 시행하는 개별 국가들의 대북 제재가 있다. 그런데 국제사회에서 대북 제재를 주도하고 있는 것이 미국이며, 각국의 대북 제재 중 세계 최강대국으로서의 지위 및 기축통화로서의 미국 달러화로 표상되는 미국 금융체제의 압도적 우위 때문에 미국의 대북 제재가 가장 실효성 있게 집행되고 있는 점을 감안하여 이하에서는 미국의 대북 제재의 내용을 위주로 정리했다.

미국의 대 북한 제재 현황 및 규제 사항

미국은 지난 20년간 국제긴급경제권법(International Emergency Economic Powers Act: IEEPA),[1] 국가비상사태법(National Emergency

---

1   https://www.treasury.gov/resource-center/sanctions/Documents/ieepa.pdf

Act),[2] 적국과의 통상금지법(Trading With the Enemy Act)[3] 등에 기초하여 북한에 대한 제재를 유지·강화해왔다.

원칙적으로 미국인에게만 적용되는 소위 일차적 제재(primary sanction)의 경우, 북한 제재 규정(North Korea Sanctions Regulations: NKSR; 31 CFR Part 510)[4]이 그 기초가 된다.[5]

이에 따르면 미국인은 특정 제재 대상자와의 거래가 제한될 뿐만 아니라, 북한 관련 거래에 관여하는 것이 사실상 전면적으로 금지되고 있다(북한으로부터의 수입 금지에 관한 제510.205조, 북한에 대한 수출 금지에 관한 제510.206조, 북한에 대한 투자 금지에 관한 제510.209조 등 참조).

NKSR은 기존에 발표된 대북 제재 법령, 특히 그중에서도 행정명령(executive order)의 내용을 정리한 것인데, 일차적 제재의 성격을 띠는 행정명령 중 주요한 것은 다음과 같다.

행정명령 제13551호[6]에 따른 제재: 행정명령 제13551호는 김영철 노동당 부위원장 등 특정 개인과 단체를 제재 대상자로 지정하고 북한과의 무기, 사치품 거래에 관여하거나, 북한 정부와 관련하거

---

2 https://www.treasury.gov/resource-center/sanctions/Documents/nea.pdf
3 https://www.gpo.gov/fdsys/granule/USCODE-2011-title50/USCODE-2011-title50-app-tradingwi
4 https://www.federalregister.gov/documents/2018/03/05/2018-04113/north-korea-sanctions-regulations
5 다만 북한 관련 거래에 관여한 외국 금융기관에 대한 제재를 규정한 NKSR 제510.210조 등은 이차적 제재(secondary sanction)의 성격을 띠고 있다.
6 https://www.treasury.gov/resource-center/sanctions/Programs/Documents/Executive%20Order%2013551.pdf

나, 그를 지원하는 자금세탁에 관여하거나, 위와 같은 행위를 지원한 자의 자산을 동결하고, 관련자와의 거래를 금지함.

행정명령 제13570호[7]에 따른 제재: 행정명령 제13570호는 북한산 물품, 서비스 또는 기술을 미국으로 수입하는 것을 전면적으로 금지함.[8]

행정명령 제13687호에 따른 제재: 행정명령 제13687호는 북한 정부 또는 북한 노동당의 기관에 해당하거나 그 지배를 받는 자, 북한 정부의 공무원 또는 노동당원에 해당하는 자, 북한 정부 등에게 상당한 지원을 하거나 금융 지원 또는 물질·기술적 지원을 제공하거나 지원을 위한 물품 또는 서비스를 제공하는 자,[9] 북한 정부의 소유 통제를 받거나 북한 정부를 위하여 행위하는 자의 자산을 동결하고, 관련자와의 거래를 금지함.

행정명령 제13722호[10]에 따른 제재: 행정명령 제13722호는 미국인의 또는 미국으로부터의 북한에 대한 일체의 물품·서비스·기술의 직간접적인 수출 또는 재수출, 미국인의 북한에 대한 신규 투자를

---

7   https://www.treasury.gov/resource-center/sanctions/Programs/Documents/04182011_nk_eo.pdf
8   이러한 제재는 UN 안전보장이사회 결의 제1718호, 제1874호 및 미국의 무기 수출 통제법(Arms Export Control Act)에 따른 북한으로부터의 수입 제한 조치를 시행한 것이다.
9   제1(a)(iv)조 및 제1(a)(v)조 규정은 외국인에 대하여도 적용될 수 있으며, 따라서 이차적 제재로 볼 여지가 있다.
10 https://www.treasury.gov/resource-center/sanctions/Programs/Documents/13687.pdf

금지하고, 미국인이 외국인의 북한 관련 거래를 승인·지원·보증하거나 금융을 제공하는 행위를 금지함.[11] 또한 행정명령 제13722호는 북한 정부 또는 노동당 소유의 미국 내 자산을 전면 동결함.

위에서 살펴본 대 북한 제재 법령은 원칙적으로 미국인 또는 미국에서의 거래에 대하여만 적용되는 일차적 제재의 성격을 갖는 것으로, 외국인인 대한민국의 기업은 직접적으로 그 적용을 받지 아니한다. 그런데 행정명령 제13722호, 제13810호 및 North Korea Sanctions and Policy Enhancement Act: NKSEA,[12] Countering America's Adversaries Through Sanctions Act: CAATSA[13]의 경우에는 아래에서 설명한 바와 같이 미국인이 아닌 외국 기업에 대하여도 직접 적용될 수 있는 규정을 두고 있다. 이른바 외국인에 대한 적용, 즉 이차적 제재(Secondary Sanction)이다.

행정명령 제13722호[14]에 따른 제재: 행정명령 제13722호는 북한의 운송, 채굴, 에너지, 금융 서비스 산업에 종사하는 자, 북한 정부 또는 노동당을 위하여 금속, 흑연, 석탄 또는 소프트웨어의 거래에 직간접적으로 관여하는 자, 북한 정부 또는 노동당 등의 인권침해, 검

---

11 북한산 물품, 서비스, 기술을 미국으로 수입하는 행위를 전면 금지한 행정명령 제13570호와 행정명령 제13722호로 미국인의 북한 관련 거래가 사실상 전면적으로 금지된다. 또한 대한민국의 기업이라도 미국인의 북한 관련 거래에 개입하여 미국인으로 하여금 일차적 제재를 위반하도록 야기(facilitate)한 경우에는 IEEPA에 따라 민형사상 책임을 부담할 위험이 있는 점에 유의할 필요가 있다.

12 https://www.congress.gov/114/plaws/publ122/PLAW-114publ122.pdf

13 https://www.treasury.gov/resource-center/sanctions/Programs/Documents/hr3364_pl115-44.pdf

14 https://www.treasury.gov/resource-center/sanctions/Programs/Documents/13687.pdf

열 및 북한의 인력 수출에 관여하는 자, 북한 외부에서 북한 정부 또는 노동당을 위하여 컴퓨터 네트워크를 통하여 사이버 보안을 약화시키는 자의 미국 내 자산을 동결하고, 관련자와의 거래를 금지함.

행정명령 제13810호[15]에 따른 제재: 행정명령 제13810호는 북한의 건설, 에너지, 금융, 어업, 정보기술, 제조, 의료, 채굴, 섬유, 또는 운송 산업에 종사하는 자, 북한의 항만, 공항을 소유·통제하거나 운영하는 자, 북한과의 물품, 서비스 또는 기술에 관한 중요한 거래에 관여한 자, 북한 정부 또는 노동당의 경제적 이익을 창출하는 상업활동에 관여한 자, 행정명령 제13810호에 따라 자산이 동결된 자를 지원한 자의 미국 내 자산을 동결할 수 있도록 했고, 관련자와의 거래를 금지함.

또한 행정명령 제13810호는 북한 내에 착륙한 적이 있는 제3국 항공기는 북한 영토를 벗어난 때로부터 180일간 미국에 착륙할 수 없고, 제3국인이 권리를 보유한 선박 중 180일 이내에 북한에 정박했거나, 그러한 선박과 선박 간 환승 내지 환적을 한 선박은 미국의 항구에 정박할 수 없도록 함.

그 외에도 행정명령 제13810호는 미국인이 북한 관련 거래를 승인,

---

15 https://www.treasury.gov/resource-center/sanctions/Programs/Documents/13810.pdf

지원, 보증하거나 이를 위하여 금융을 제공하는 행위를 금지하면서, 외국 금융기관이 북한 관련 행정명령에 따라 자금이 동결된 자를 위하여 상당한 금융거래를 처리하거나 이를 용이하게 한 경우 또는 북한 관련 주요 거래를 처리하거나 용이하게 한 경우 미국 내의 대리계좌와 결제계좌 개설을 금지할 수 있도록 함.

NKSEA에 따른 제재: 2016년 2월 시행된 NKSEA는 행정명령 제13722호에 금지된 행위를 하는 경우 미국 내 자산을 동결하고, IEEPA에 따른 민·형사상 제재를 부과하도록 했고, UN 안전보장이사회에 따라 제재 대상자로 지정된 자에게 상당한 지원을 하거나 금융 지원 또는 물질·기술적 지원을 제공하는 경우, 북한 정부 공무원의 뇌물 수수 또는 북한 정부 공무원의 공적 자금 남용, 절도, 횡령을 지원하는 경우에는 미국 내 자산을 동결할 수 있도록 함.

CAATSA에 따른 제재

2017년 8월 시행된 러시아, 이란 및 북한에 대한 통합 제재법인 CAATSA는 NKSEA를 개정하여 북한에 대한 제재를 더욱 강화하면서 북한 정부의 수입원을 차단하기 위해 전면적인 제재를 규정했다.

특히 미국 정부가 반드시 자산동결 조치를 취하고 IEEPA에 따른 민·형사상 제재, 미국의 외환시장, 금융기관, 공공조달 접근 차단, 출입국 제한 등의 제재를 부과해야 하는 경우는 다음과 같다.

귀금속 매입 관련: 북한으로부터 상당한 양의 금, 티타늄광, 바나듐광, 구리, 은, 니켈, 아연 또는 희토류를 매입하거나 기타 다른 방법으로 취득하는 경우[CAATSA 제311(a)조로 개정된 NKSEA 제104(a)(10)조].

로켓, 항공기 또는 제트기의 연료 공급 관련: 북한에 상당한 양의 로켓, 항공기 또는 제트기 연료를 매도하거나 전달하는 경우. 다만 북한 외의 민간 여객 항공기가 해당 연료를 오로지 북한을 오가기 위하여 사용하는 경우는 예외적으로 제재 대상에 해당하지 않음[CAATSA 제311(a)조로 개정된 NKSEA 제104(a)(11)조].

해운 분야 관련: 미국 및 UN 안전보장이사회 제재 법규에 의하여 제재 대상으로 지정된 선박 또는 제재 대상자가 소유하거나 운영하는 선박에 연료 및 물자를 공급하거나, 해당 선박의 운영·유지를 위한 상당한 거래를 용이하게 하는 경우, 북한 정부가 소유하거나 운영하는 선박에 대하여 보험 또는 등록 서비스를 제공하는 경우[CAATSA 제311(a)조로 개정된 NKSEA 제104(a)(12)조, 제104(a)(13)조]. 또한 미국 영해에서 북한 선박이 항해하거나 미국 항구에 정박하는 것이 금지되며, UN의 대북 제재 결의안에 따르지 않는 국가들의 선박은 미국으로의 접근이 거절될 수 있음(CAATSA 제315조).

금융거래 관련: 직간접적으로 북한의 금융기관과 대리계좌를 유지하는 경우. 다만 UN 안전보장이사회에 의하여 특별히 승인된 경우

는 예외적으로 제재 대상에 해당하지 않음[CAATSA 제311(a)조로 개정된 NKSEA 제104(a)(14)조].

한편 미국 정부의 재량에 따라 자산 동결 조치, IEEPA에 따른 민·형사상 제재, 미국의 외환시장, 금융기관, 공공조달 접근 차단, 출입국 제한 등의 제재를 부과할 수 있는 경우는 다음과 같다.

석탄, 철, 철광석 매입 관련: 북한 정부로부터 관련 UN 안전보장이사회 결의안에서 정하고 있는 한도를 초과하는 양의 석탄, 철 또는 철광석을 매입한 경우[CAATSA 제311(b)조로 개정된 NKSEA 제104(b)(1)(D)조].

섬유 매입 관련: 북한 정부로부터 상당한 종류 또는 물량의 섬유를 직간접적으로 매입하는 경우[CAATSA 제311(b)조로 개정된 NKSEA 제104(b)(1)(E)조].

북한 정부의 자금 이체 관련: 북한 정부의 자금 또는 자산 중 상당한 양의 자금·자산의 이체·이전을 용이하게 함으로써 관련 UN 안전보장이사회 결의안을 위반하는 경우[CAATSA 제311(b)조로 개정된 NKSEA 제104(b)(1)(F)조].

귀금속 등 이전 관련: 북한으로부터의 또는 북한으로의 대량의 현금, 귀금속, 보석, 또는 제104(1)(10)조에 규정된 것(금, 티타늄광, 바나듐광, 구리, 은, 니켈, 아연 또는 희토류) 외의 가치저장수단의 상당한 이전을 용이하게 하는 경우[CAATSA 제311(b)조로 개정된 NKSEA 제104(b)(1)(G)조].

원유, 석유 제품, 천연가스 또는 항공기 연료 제공 관련: 북한 정부에 상당한 물량의 원유, 컨덴세이트, 정유, 기타 석유 제품, 액화 천연가스 또는 기타 천연가스 자원을 제공하는 경우. 다만, 인도적인 수단 또는 북한 외의 민간 여객 항공기가 오로지 북한을 오가는 비행을 위하여 중유, 가솔린, 디젤 연료를 사용하는 경우는 예외적으로 제재 대상에 해당하지 않음[CAATSA 제311(b)조로 개정된 NKSEA 제104(b)(1)(H)조].

온라인 도박 등 관련: 온라인 도박 등 북한 정부의 온라인 상업 활동에 직간접적으로 관여하거나 지원하거나, 이에 대하여 책임이 있는 경우[CAATSA 제311(b)조로 개정된 NKSEA 제104(b)(1)(I)조].

어업권 관련: 북한 정부로부터 어업권을 취득하는 경우[CAATSA 제311(b)조로 개정된 NKSEA 제104(b)(1)(J)조].

식품, 농산품 매입 관련: 북한 정부로부터 상당한 종류 또는 물량의 식품이나 농산품을 직간접적으로 매입하는 경우[CAATSA 제311(b)조로 개정된 NKSEA 제104(b)(1)(K)조].

북한 노동자 수출 및 강제 노동에 의하여 생산된 물품의 수출 관련: 북한 정부 또는 노동당의 직간접적 수익을 위한 북한 노동자 수출에 직간접적으로 관여하거나, 이를 용이하게 하거나, 이에 대한 책임이 있는 경우[CAATSA 제311(b)조로 개정된 NKSEA 제104(b)(1)(L)조]. 또한 북한 국민의 노동으로 생산됐다고 인정되는 물품은 원칙적으로 미국으로 반입될 수 없으나, 해당 물품이 강제 노동에 의하여 생산되지 않았다는 증거가 있는 경우에는 예외적으로 반입이 가능함(CAATSA 제321조).[16]

운수, 채굴, 에너지, 금융 서비스 분야의 거래 관련: 북한의 운수, 채굴, 에너지 또는 금융 서비스 산업 분야에서 상당한 거래를 수행하는 경우[CAATSA 제311(b)조로 개정된 NKSEA 제104(b)(1)(M)조].

금융거래 관련: 대리계좌의 유지 외의 다른 방법으로 북한의 금융기관의 지점, 자회사 또는 사무소의 운영을 지원하는 경우(CAATSA 제311(b)조로 개정된 NKSEA 제104(b)(1)(N)조).

미국의 수출통제법령에 따른 규제

미국 원산의 물품, 기술, 서비스가 포함되거나 사용된 제품

---

16 이미 일차적 제재에 따라 북한으로부터의 수입이 금지되기 때문에 실제로 해당 규정이 적용되는 물품은 범위가 넓지 않을 것이다. 다만 개성공단 등에서 생산된 물품의 경우 해당 규정의 적용을 받는지 다툼이 있을 수 있다.

을 북한으로 공급하는 경우, 수출통제규정(Export Administration Regulation: EAR)[17]에 따른 규제가 적용되는 점에 유의해야 한다. EAR에 따르면 원산지가 미국이거나 미국에 소재한 일체의 물품[EAR 제734.3(a)(1), (2)조]은 물론, 미국 원산이 아닌 물품·소프트웨어·기술이라고 하더라도 소위 '최소한도의 기준(de minimis)'을 초과하여 미국의 물품·소프트웨어·기술을 활용한 물품·소프트웨어·기술은 미국의 통제 하에 있는 것으로 보고 규제의 대상으로 정하고 있다[EAR 제732.2(d), 734.3(a)(3)조].

EAR 제734.4조[18]는 '최소한도의 기준'을 구체적인 경우에 따라 나누고 있는데, 특정 미국산 컴퓨터나 암호화 기술 등 일정한 품목은 최소한도의 기준 없이 EAR의 규제 대상으로 정하는 한편[19] 수출 및 재수출 대상 국가에 따라 미국의 물품·소프트웨어·기술이 포함되거나 제공되는 최소한도의 기준을 ① 테러지원국으로의 재수출에 관하여는 가액의 10퍼센트로 ② 그 외 국가로의 재수출에 관하여는 25퍼센트로 구분하여 정하고 있다. 북한의 경우 이란, 쿠바, 시리아, 수단과 함께 테러지원국으로 지정되어 10퍼센트를 최소한도로 정하고 있다[EAR 제734.4(c), (d)조].

최소한도 기준에 따른 판단에 있어서 물품·소프트웨어·기술 등

---

17 https://www.bis.doc.gov/index.php/regulations/export-administration-regulations-ear
18 https://www.bis.doc.gov/index.php/forms-documents/doc_view/412-part-734-scope-of-the-export-administration-regulations
19 다음 품목이 외국산 완제품에 조금이라도 편입되는 경우 해당 물품 또는 기술은 EAR 통제 대상에 해당한다. 미국산 반도체가 포함된 고성능 컴퓨터, 수출통제 분류번호(Export Control Classification Number: ECCN) 5E002로 통제되는 미국산 암호기술을 조금이라도 편입한 외국산 암호기술, 마이크로 가속도 센서가 부착된 예비계기 시스템 또는 항공기, 미국산 ECCN 9E003a.1~a.11, h가 포함된 경우.

이 합쳐진 품목에 대해서는 물품·소프트웨어·기술의 최소한도 기준을 각각 계산하고 어느 하나라도 기준을 초과하면 그 부분에 대해 EAR이 적용된다.

한편 통제되는 미국산 물품 또는 기술의 가액을 산정함에 있어서 공정시장 가격(fair market value)을 기준으로 하고, 기업 간 특수관계에 의해 거래되는 품목의 경우 동일 또는 동종 품목의 시장가격으로 계산해야 한다. 이때 제조 및 판매비용을 합산하여 가격을 계산하는 것도 가능하다. 다만 기술의 경우 최소한도 기준 미달로 허가 면제를 받기 위해서는 미국 상무부에 계산법과 근거를 밝힌 보고서를 제출해야 하고, 30일간 상무부로부터 회신이 없으면 계산이 타당한 것으로 간주된다.

북한과의 거래 관련 우리 기업의 유의 사항

이상에서 살펴본 것과 같이 현재와 같은 촘촘한 대북 제재가 유지되고 있는 상황에서는 남북경협에 나서고자 하는 우리 기업들로서는 진행하고자 하는 교역 및 투자 내용이 특히 미국의 대북 제재에 저촉되는지 여부를 꼼꼼히 따져보아야 할 필요가 있다고 하겠다. 그리고 북한의 비핵화 논의 추이를 주의 깊게 살펴보아서 대북 제재가 먼저 해제되는 분야가 있다면(이란 핵합의가 이루어지는 과정에서도 잠정 합의가 먼저 이루어져 일부 분야의 제재가 먼저 해제되었던 전례가 있었다) 하고자 하는 사업이 그에 해당하는지 여부도 따져보아야 할 것이다.

또한 대북 제재가 존속하더라도 경우에 따라서는 미국 정부로부터 예외나 허가(License)를 받고 진행될 수 있는 경우도 있으므로(평창 동계올림픽 기간을 전후로 진행된 남북 교류 사업들은 미국의 사전 양해 하에 이루어진 것들이었다) 이 부분에 대해서도 사전에 전문가와 충분히 상의해볼 필요가 있다고 하겠다.

모쪼록 북한의 비핵화와 남북 교류에 이바지하고자 하는 우리 기업인들의 귀한 뜻이 대북 제재를 준수하며 이루어져서 우리 기업들이 불필요한 피해를 입지 않게 되기를 바란다.

4

대북 투자에서의
세금 문제

송상우 율촌 회계사

남북 사이의 소득에 대한 이중과세 방지 합의서

특별히 비영리를 목적으로 하지 않는 한 누구나 돈을 벌기 위해 사업을 할 것이다. 최근 남북관계가 좋아지면서 다시 남북경제협력 사업이 화두로 떠오르고 있다. 과거 개성공단과 금강산 관광지구의 사업 경험을 토대로 새로운 장밋빛 미래를 구상하고 있는 기업들이 많은 것 같다.

기업이 2개의 국가에서 사업을 하면 사업을 영위하고 있는 국가에서 소득에 대한 조세를 한 번 부담하고, 설립된 국가 등 기업의 거주지국에서 다시 그 소득에 대한 조세를 부담한다. 가령 우리나라 기업이 외국에서 사업을 하면 외국에서 하는 사업에서 발생한 소득에 대해 그 외국 정부에 법인세를 납부해야 한다. 또한 우리나라의 기업이기 때문에 소득이 외국에서 발생했더라도 우리 정부에 그 소득에 대한 법인세를 납부해야 한다.[20] 따라서 필연적으로 같은 소득에 대해 2개 국가에 조세를 부담해야 하는 '이중과세'의 문제가 발생한다.

각국은 이중과세의 문제를 해결하기 위한 나름의 제도를 가지고 있다. 국가별로 가지고 있는 이중과세 방지제도는 크게 두 가지로 구분된다. 하나는 외국에서 납부한 세금을 법인이 소재하는 국가에서 납부할 세금에서 공제하는 방법이다.[21] 외국에서 세금을 한 번 내더라도 그 세금을 국내에서 낼 세금에서 공제하기 때문에 이중과세가 사라지게 된다. 다른 하나는 외국에서 번 소득을 자국의 과세소득에서 제외시켜 버리는 방식이다. 외국에서 번 소득이 자국의 과세소득에 포함되지 않기 때문에 이중과세의 문제가 발생하지 않게 된다. 이러한 제도는 투자의 중립성을 어떤 관점에서 보느냐에 따라 갈라지게 됐다. 자국의 기업이 어디에서 사업을 하든 부담하는 세액은 같아야 한다는 관념에서는 세액공제 방식을 취한다. 외국에서 사업을 하든, 자국에서 사업을 하든 자국의 세법에 따라 조세를 부담해야 하므로 같은 세액을 부담하게 된다. 이를 자본수출의 중립성(capital export neutrality)이라고 한다. 한편 국외소득을 과세소득에서 제외시키는 방식은 자본수입의 중립성(capital import neutrality)에 기반

---

20 우리 법인세법은 영리내국법인은 전 세계에서 발생한 소득에 대해 법인세 납세의무가 있는 것으로 규정하고 있다(법인세법 제2조 제1항 제1호).
21 우리나라도 이와 같은 방식을 취하고 있다(법인세법 제57조).

을 두고 있다. 기업의 국적이 어디든 기업이 사업을 수행하고 있는 곳에서 부담하는 세액은 같아야 한다는 관념이다. 따라서 자국 기업이 해외에서 사업을 하면 그 국가에서 설립된 기업과 동일한 방식으로 세금을 납부하면 그만이고, 그 소득에 대해 더 이상 자국에서 과세하지 않는다. 유럽의 많은 국가가 이와 같은 방식을 취하고 있다.

세액을 공제하는 방식이든, 외국에서 번 소득을 과세소득에서 제외하는 방식이든 언제나 여러 가지 예외를 둘 수밖에 없다. 이러한 제도를 남용하여 조세의 부담을 피하려고 하는 납세자가 있기 때문이다. 가령 세액공제 방식에서는 외국에서 번 소득에 대해 국내 세법에 따라 계산하여 산출된 세액을 한도로 공제한다. 따라서 외국에서 소득의 50퍼센트에 해당하는 세금을 내고 오더라도 우리나라에서 그 소득에 대해 30퍼센트의 세금을 내야 하면 30퍼센트만큼만 공제된다. 20퍼센트만큼은 공제되지 않는다.

외국에서 번 소득을 과세소득에서 제외시키는 방식에서도 여러 가지 제한을 두는 경우가 많다. 가령 소득의 발생지를 임의로 옮길 수 있는 소득에 대해서까지 이러한 방식을 적용하는 것이 타당하지 않은 경우가 있다. 이자소득은 어디에 돈을 투자하느냐에 따라 소득의 발생지가 바뀌게 된다. 국내에 예금을 하면 거기에서 발생한 이자소득에 대해 높은 세율이 적용되는데, 해외에 예금을 하면 그 이자소득에 대해 낮은 세율이 적용되는 경우가 있다. 이때 해외에 예금하여 발생한 이자소득을 과세소득에서 제외시켜 버리면 단순히 해외에 예금하는 것만으로 세부담을 상당히 경감시킬 수 있다. 이렇게 과세상 취급하는 것은 타당하지 않기 때문에 이러한 경우에도 일반적인 이중과세 조정장치의 예외가 필요하다.

이러한 여러 가지 제한 때문에 국내법만으로 이중과세의 문제를 완전히 해결하기가 어렵게 된다. 그래서 두 국가가 조세조약을 체결하여 어느 한 국가에서 과세할 수 있는 한도를 제한하기도 한다. 외국에서 부담하는 세액이 적어야 이중과세 조정장치의 작동으로 이중과세가 되는 문제가 줄어들기 때문이다. 우리나라도 현재 90여 개 이상의 국가와 이러한 조세조약을 체결하고 있다.

북한은 사회주의 체제이지만 외국 기업에 대해서는 소득에 대해 조세를 과세하고 있다. 따라서 우리 기업이 북한에서 사업을 하게 되면 해당 기업은 그 소득에 대한 법인세를 북한에서 납부해야 한다. 동시에 그 소득에 대해 국내에서도 법인세를 부담해야 한다. 따라서 여기에서도 이중과세의 문제가 발생하게 된다. 이러한 배경에서 2000년 12월 16일 남과 북은 남북공동선언에 따라 진행되는 경제 교류와 협력이 나라와 나라 사이가 아닌 민족 내부의 거래임을 확인하고 소득에 대한 이중과세를 방지하기 위해 '남북 사이의 소득에 대한 이중과세 방지 합의서'에 서명했다. 이 합의서에 있는 조항의 해석을 둘러싸고 납세자와 국세청의 다툼이 생긴 적이 있다. 그 의미가 법원의 판결에서 정리되었는데, 여기에서 2건의 판례를 소개하고자 한다.

그 전에 북한에서 사업을 하면 가장 심각하게 부딪히는 세금 문제는 무엇이고, 이러한 것들을 해결하는 방식은 어떻게 될까를 나름대로 상상해본다.

남조선 국세청 선생님들… 이전가격만 조사하면 세금이 나와

북한도 외국 기업이 북한에서 사업을 하면서 돈을 벌면 거기에 대한 세금을 내도록 하고 있다. 따라서 우리 기업이 북한에서 사업을 하면 거기에서 발생한 소득이 얼마인지를 먼저 확정해야 한다. 그다음 산출된 소득에 세율을 적용하여 납부할 세액을 계산하게 될 것이다. 전 세계의 거의 모든 세법이 그렇지만, 어떠한 사업에서 발생한 소득을 정확하게 측정하는 것은 언제나 쉽지 않다.

북한이라고 하여 특별히 다르지는 않을 것이다. 가령 우리 기업이 사용하던 설비를 북한으로 가져가 사용하게 되면 그 설비의 가액을 얼마로 볼 것인가? 설비는 통상 사용하는 기간에 나누어 그 취득가액을 감가상각을 통해 비용으로 처리한다. 따라서 설비의 가액이 얼마인지에 따라 감가상각으로 통하여 비용으로 처리되는 금액이 달라질 수 있다. 또한 북한에서 생산한 물품을 국내로 반입하는 경우 그 물품의 가액을 얼마로 할지에 따라 북한의 사업에서 발생한 소득이 결정된다. 북한에 있는 사업장의 입장에서는 국내로 물품을 반입하는 것이 거기에서 생산한 물건을 국내로 판매하는 것과 같게 취급하기 때문에 얼마의 가격으로 국내로 판매된 것인지에 따라 매출액이 결정된다. 따라서 판매가격을 조금만 더 높은 가격으로 하면 그만큼 북한의 사업장에서 발생한 소득이 증가하게 된다.

한편 우리 세법의 적용에서도 얼마의 가격으로 물품을 사 온 것으로 할지에 따라 국내에서 그 물품을 판매하면서 발생한 소득이 결정된다. 판매한 물품의 취득가액이 되기 때문이다. 또한 북한에 있는 사업장의 사업을 지원하기 위해 국내에서도 여러 가지 비용을 지출할 수 있다. 이러한 비용은 궁극적으로 북한에 있는 사업장의 사업을 위한 것이므로 그 사업장에서 발생한 소득을 계산할 때 비용으로 공제되어야 할 것이다. 북한에서 비용공제를 인정할 것인가, 또는 인정한다면 어느 정도의 비용을 인정해줄 것인가 하는 문제가 발생한다. 통상 국경을 넘어가는 재화 또는 용역의 거래에서 결정되는 가격을 이전가격(transfer pricing)이라고 한다.

　많은 국제거래에서는 이러한 이전가격이 문제가 되는 경우가 많다. 다국적기업들은 국제거래를 통해 세율이 낮은 국가에 소재하는 사업장이나 자회사에 많은 소득을 남기고, 세율이 높은 국가에 소재하는 사업장이나 자회사에는 적은 소득을 남길 유인이 있다. 이렇게 함으로써 기업이 부담하는 세금의 총액을 줄일 수 있기 때문이다. 가장 쉽게 생각할 수 있는 방식이 국제거래에서 적용되는 거래가격을 조정하는 것이다. 그래서 각국의 과세당국은 이러한 국제거래에 대해 그 가격의 적정성에 대해 검토한다. 또 각국의 과세당국은 국제거래에서 결정한 가격이 적정하지 않은 것으로 보아 이러한 이전가격을 조금만 조정하면 상당히 큰 세금을 추징할 수 있다는 사실을 잘 알고 있다.

　실제 개성공단의 사업에서 북한의 과세당국도 똑같은 방식으로 세금을 추징했다고 한다. 개성공단의 사업장에서 생산한 물품을 국내로 반입할 때, 반입가격을 적정가격 이하로 하거나 반입되는 물량을 실제보다 적게 하여 북한의 과세당국에 세무신고를 한 모양이다. 상당히 시간이 흐른 후 북한의 과세당국은 이러한 신고 가격이 적정한지 및 실제 반입물량이 신고한 것과 일치하는지 여부[22]에 대한 문제를 들고 나왔다. 특히 가격과 관련하여 북한의 과세당국은 세무신고의 가격이 적정한 가격보다 너무 낮다고 보았다. 결과적으로 국내로 들어오는 물품의 가격을 높여 소득에 대한 세금을 상당히 추징했다고 한다.[23]

이전가격이 조정되면 우리 법인세에도 영향을 미쳐

우리 기업은 북한에서 생산된 물품을 국내로 반입하여 판매하게 된다. 북한에 있는 사업장으로부터 물품을 사 와 이를 판매한 것으로 처리해야 한다. 물품은 제3자에게 판매하게 되므로 그 판매가격은 정해져 있다. 따라서 북한에 있는 사업장에서 물품을 얼마에 사온 것으로 하는지에 따라 물품 판매에 따른 매출이익이 결정된다. 가령 우리 기업은 북한에 있는 사업장에서 물품을 100에 사 와 국내에서 200에 판 것으로 세무처리를 했는데, 북한의 과세당국이 반입된 물품의 이전가격을 150으로 봐버리면 국내에서 발생하는 소득이 줄어들게 된다. 북한의 과세당국이 이전가격을 조정하기 전에는 100만큼의 소득이 있는 것으로 했는데, 북한의 과세당국이 이전가격을 조정한 대로 하면 소득이 50으로 줄어들어 버리게 된다.

따라서 우리 국세청은 북한의 사업장에서 국내로 반입된 물품의 가격은 100이라는 입장을 취하게 된다. 우리 국세청과 북한의 과세

---

[22] 북한 당국에서는 너무나도 정확한 국내 반입물량에 대한 자료를 들고 와 우리 기업들은 이를 인정할 수밖에 없었다고 한다.

[23] 추징한 세금을 납부하지 않으면 물품의 반입과 반출에 상당한 어려움을 겪었다고 한다. 따라서 현실적으로 추징된 세금을 납부하지 않고는 사업을 계속할 수 없었다고 한다.

당국이 하나의 물품에 대한 이전가격을 서로 다르게 보면 거기에 끼여 있는 기업만 죽어나게 된다. 둘 다 똑같은 가격으로 봐주면 얼마나 좋을까?

판문점에서 협의합시다(?)

양 과세당국에 끼여 죽어나게 생긴 기업은 자국의 과세당국에 도움을 요청할 수 있다. 타국의 과세당국과 협의하여 하나의 가격으로 정해달라고 할 수 있다. 대부분의 조세조약이 이와 같은 합의절차 조항을 두고 있다. 남북 사이의 소득에 대한 이중과세 방지 합의서에도 이와 같은 조항을 두고 있다.[24] 이렇게 하여 하나의 가격으로만 합의되면 기업이 억울하게 끼어서 손해를 보는 일은 없을 것이다. 북한의 과세당국이 이전가격을 조정하여 우리 기업에 세금을 추징하면 우리 기업은 북한의 과세당국에 그러한 가격 조정이 합의서에 어긋난다고 의견을 제기할 수 있다. 이때에는 북한의 법률 또는 규정이 정한 절차가 적용될 것이다. 그런데도 해결되지 않으면 우리 기업은 우리 국세청에 도움을 요청할 수 있다. 우리 국세청에 북한의 과세당국과 합의하여 가격을 결정해달라고 할 수 있다. 그러면 우리 국세청은 북한의 과세당국에 어떠한 납세자로부터 이전가격에 대한 상호 합의의 신청이 있었다는 사실을 통지하고, 상호 합의절차를 진행

---

24 합의서 제24조 합의절차. 개인 또는 법인은 합의서와 어긋나게 세금을 부과하거나 부과할 것으로 예견되는 경우 거주한 지역의 권한 있는 당국에 의견을 제기할 수 있다. 의견의 제기는 해당 사실을 알게 된 때로부터 3년 안으로 해야 한다. 이견을 제기받은 권한 있는 당국은 제기된 문제를 자체적으로 해결할 수 없을 경우 상대방의 권한 있는 당국과 합의하여 해결한다. 합의서의 해석과 적용, 이중과세 방지와 관련하여 제기되는 문제는 쌍방의 권한 있는 당국 또는 남북장관급회담과 그가 정한 기구가 협의하여 해결한다.

해야 한다. 현재 합의서 규정상으로는 이와 같은 절차를 진행해야 할 것 같은데, 지금까지는 이와 같은 절차가 진행됐다는 소식을 듣지 못했다. 교류가 많아지면 이와 같은 절차가 진행될 수밖에 없을 것이다. 서로 합의를 하려면 각자의 의견을 내고 만나서 협의하는 과정을 거쳐야 할 것이다. 그러면 특정한 날짜와 장소를 정하여 협의절차를 진행해야 한다. '이번에는 판문점에서, 다음에는 서울에서, 그리고 그 다음은 평양에서 합시다'와 같은 방식으로 정하여 우리 국세청과 북한의 과세당국이 상호 합의절차를 진행할지도 모를 일이다.[25]

너무 고집 부리지 마시고… 국세청 선생님들 통 크게 합의합시다

어떠한 물품의 가격을 객관적으로 파악하는 것은 쉽지 않다. 보는 사람에 따라, 보는 장소에 따라, 보는 시점에 따라 가격은 각각 다르기 때문이다. 이러한 점 때문에 남과 북의 과세당국이 만나더라도 쉽게 하나의 가격으로 의견의 일치를 보기는 쉽지 않을 것이다. 국제 거래에서도 이러한 것이 오랫동안 문제가 되어왔다. 그래서 경제협력개발기구(OECD)에서는 이전가격 지침(transfer pricing guideline)이라는 것을 내놓고 있다. 여기에서는 다양한 환경 및 사정에 따라 적정한 가격을 산출하는 방식을 설명하고 있다.

우리는 아무래도 시장경제가 발달하여 가격에 대해 비교적 분석 자료가 많을 것이고, 외국의 여러 과세당국과 OECD의 지침과 같은 것을 기초로 협상을 해온 경험이 있어 나름의 논리로 가지고 북한의

---

25 우리와 교역이 많은 미국 국세청, 중국 국세청 및 일본의 국세청과는 이러한 상호 합의절차를 활발하게 진행하고 있다.

과세당국과 협상에 임할 것으로 생각된다. 반면 북은 이러한 자료나 경험이 부족하기는 하나 그 나름의 기준을 가지고 협상에 임할 것으로 생각된다. 그래서 남한은 북한의 과세당국이 국제적으로 맞지 않는 기준을 가지고 똥고집을 부린다고 생각하게 될지도 모르겠다. 우리 기업이 북한에서 사업을 하는 경우가 대부분일 것이므로 북한의 사업을 좌지우지할 수 있는 북한의 과세당국은 자신의 협상력이 더 강하다고 생각할 수 있다. 그래서 북한의 과세당국은 "국세청 선생님들 북한의 과세당국이 생각하는 방식으로 통 크게 합의합시다"라고 제안할지도 모르겠다.

사례 금강산에서 입은 손실 어디 가서 보상받나

국내의 어느 법인이 북한의 금강산 관광지구에 사업장을 설치하여 개발사업을 영위해오고 있었다. 그러던 중 남북관계가 급격히 경색되는 금강산 관광객 피격 사망사고가 2008년 7월 11월경 발생했다. 이 사건으로 금강산 관광은 중단됐다. 그 후 2010년 3월에는 천안함 사태가 발발했고, 2010년 4월경 북한은 금강산에 있는 모든 남측 부동산을 몰수·동결하는 조치를 취했다. 이에 따라 이 납세자도 더 이상 금강산 관광지구에서의 사업을 진행할 수 없는 상황이 됐다. 결과적으로 금강산 사업장의 개설 및 운영에 따라 거액의 손실을 떠안게 됐다.

이 납세자는 금강산 사업에서 발생한 손실을 자신의 다른 과세소득에서 공제하지 않고 법인세를 신고했다. 그 후 이러한 손실은 자신의 과세소득에서 공제하는 것이 맞다고 판단했다. 이에 이러한 손실을 공제하면 줄어드는 법인세를 환급해달라는 청구를 국세청에 했다. 국세청의 대답은 "No"였다.

이중과세 방지 합의서에는 이중과세를 방지하기 위해 다음과 같은 조항을 두고 있다.

> **남북 사이의 소득에 대한 이중과세 방지 합의서 제22조[이중과세방지방법]**
> ① 일방은 자기 지역의 거주자가 상대방에서 얻은 소득에 대하여 세금을 납부했거나 납부하여야 할 경우 일방에서는 그 소득에 대한 세금을 면제한다. 그러나 이자, 배당금, 사용료에 대하여는 상대방에게 납부했거나 납부하여야 할 세액만큼 일방의 세액에서 공제할 수 있다.
> ② 일방은 자기 지역의 거주자가 상대방에서 얻은 소득에 대한 세금을 법이나 기타 조치에 따라 감면 또는 면제받았을 경우 세금을 전부 납부한 것으로 인정한다.

이 조항에서는 이자, 배당금, 사용료에 대해서는 상대방(북한)에서 납부한 세금을 일방(남한)의 세액에서 공제할 수 있도록 하고 있다. 따라서 우리 기업이 북한에서 받는 이자에 대해 북한의 과세당국에 세금을 낸 게 있으면 이를 외국납부세액공제의 방식으로 국내에서 납부할 법인세에서 공제할 수 있다. 한편 그 외 소득에 대해서는 상대방(북한)에서 얻은 소득에 대해 상대방(북한)에서 세금을 납부하는 경우 일방(남한)에서는 그 소득에 대한 세금을 면제하는 것으로 정하고 있다. 따라서 북한에서 사업을 하면서 번 소득에 대해 북한에서 세금을 납부하면 그 소득에 대해서는 남한의 세금을 면제하도록 하고 있다. 제2항은 상대방(북한)에서 얻은 소득에 대해 북한의 법률이나 기타 조치로 감면하는 경우 그 감면된 세액을 북한에서 납부한 것으로 보도록 하고 있다. 따라서 외국납부세액공제를 적용하는 경우 북한에서 실제 납부하지 않은 세금을 납부한 것처럼 취급하여 우리나라에서 납부할 법인세에서 공제하도록 하고 있다. 이렇게 하지 않고 그 소득에 대해 전부 남한에서 과세해버리면 북한에서는 조세감면 조치는 아무런 의미가 없게 되어버린다. 다른 외국과의 조세조약에서도 이와 같은 조항을 두는 경우가 종종 있다.

상대방(북한)에서 소득에 대한 세금을 부담하면 일방(남한)에서 그 소득에 대한 세금을 면제하는 것으로 규정하고 있는데, 상대방(북한)에서 결손이 발생하면 일방(남한)에서 어떻게 처리해야 하는지에 대해서는 아무 말이 없다. 결손이 발생하면 어떻게 처리하는 것이 맞는지가 다툼이 됐다.

국세청은 다음과 같은 이유로 납세자의 청구를 받아들이지 않았다. "남북 사이의 소득에 대한 이중과세 방지 합의서 제22조 제1항에서 규정하는 '소득면제 방식'은 '완전면제 방식'을 의미하는 것이고, 동 항을 적용함에 있어 북측에서 소득이 발생하지 아니하고 결손금이 발생한 경우 이는 남측 법인세의 과세표준 계산 시 공제하지 아니하는 것이다"라는 재정경제부의 해석[26]에 따라 납세자의 청구를 받아들이지 않았다.[27]

합의서 문언에서 명백히 나타나는 바와 같이, 북한 진출 기업이 북측에서 '세금을 납부했거나 납부하여야 할 경우'에 한하여 남측에서 그 소득에 대한 세금을 면제한다고 규정하고 있다. 합의서 조항은 남측과 북측에서의 이중과세 방지를 위한 규정으로, 소득면제의 요

26 재경부국제조세과–755, 2007. 12. 20.
27 국세청 심사법인2010–0015, 2010. 06. 24.

건은 오로지 북측에서 세금을 납부하거나 납부하여야 할 경우로 엄격하게 한정하고 있다. 여기에 해당될 경우에 비로소 소득면제의 혜택을 받을 수 있는 것으로 보아야 한다. 요컨대 합의서 조항은 북측에서 결손금이 발생한 경우에 관한 규정이 아니라, 북측에서 과세대상 소득(taxable income)이 발생됨을 전제로 남측과 북측에서의 '이중과세'가 문제될 경우에 한하여 그 해소 방안으로 과세소득의 면제 요건을 규율 대상으로 하고 있다는 점은 문언상 명백하다.

국세청은 합의서 조항을 확장해석하여 위 규정이 "결손금이 발생한 경우 그 결손금 역시 합산할 수 없다"는 내용까지 포함하고 있다거나, "결손금이란 음의 소득에 지나지 않으므로 결손금 공제에 대한 특별한 규정이 없이도 당연히 결손금 공제가 배제된다"고 주장한다. 그러나 이러한 견해는 우선 결손금이 발생한 경우는 "세금을 납부했거나 납부하여야 할 경우"에 해당하지 않는다는 점에서 합의서의 문언에 정면으로 반한다. 또한 우리 세법은 각 사업연도의 '소득'과 '결손금'이라는 문언을 구별하여 규정하고 있다.[28] 이러한 명문 규정상의 차이에도 불구하고 "결손금이란 음의 소득에 불과하므로 '소득'이란 문언과 동일시하여야 한다"는 주장은 수긍할 수 없다.

결손금을 공제하지 않는 것은 합의서의 취지에도 반한다. 합의서는 근본적으로 남북 간 교류·협력의 확대 및 남북관계 발전을 제도적으로 뒷받침하기 위한 입법 조치의 일환으로 북측에서 세금을 부담한 우리 법인들에 대해 중복적으로 세금을 부담시키지 않음으로

---

28 법인세법 제13조, 제14조 참조.

써 북한에 진출한 우리 법인들이 피해를 보지 않고 사업 활동에 전념할 수 있도록 세제상 지원해주고자 하는 목적에서 만들어진 것이다. 국세청의 주장은 합의서가 이중과세를 방지하는 것을 넘어 북한에서 발생한 결손금을 반영하는 것을 금지하는 내용까지 담고 있다는 것인바, 이는 북한에 진출한 우리 법인들을 지원해주는 것이 아니라 오히려 다른 법인들과 차별하여 세제상 불이익을 주는 내용이 포함돼 있다는 주장과 같다. 이와 같은 해석이 이중과세 방지를 위한 이 사건 합의서 조항의 진정한 입법 취지에 반한다.

대법원의 판단[29]을 살펴보자. 합의서는 내국법인이 북한에서 얻는 소득에 관하여 과세당국의 과세권을 제한할 수 있는 근거가 된다고 전제하고, 합의서에는 상대방의 지역에서 결손금이 발생한 경우 일방에서 이를 처리하기 위한 별도의 규정을 두고 있지 아니하므로 내국법인인 원고가 북한의 금강산지구에서 남북경제협력사업의 하나로 승인받은 사업을 영위하는 과정에서 발생한 결손금의 처리에 대해서는 우리나라의 법인세법이 적용되어야 한다고 보아 법인세 과세표준을 산정함에 있어 결손금을 공제할 수 있다고 판단했다.

합의서의 이중과세방지방법 중 완전소득면제 방식을 택했으므로 상대방의 지역에서 이익이 발생한 경우는 물론 결손금이 발생한 경우에도 우리나의 과세권을 포기하여 이를 고려하지 아니하는 것이 원칙이어서 금강산 관광지구 사업에서 발생한 결손금은 법인세 과세표준에서 공제될 수 없다는 국세청의 주장에 대해 다음과 같은

---

29 대법원 2012. 10. 11. 선고 2012두12532 판결.

이유를 들어 배척했다.

합의서는 '상대방에서 얻은 소득에 대하여 세금을 납부했거나 납부하여야 할 경우'라고 정하고 있는데, 결손금이 발생한 경우에는 납부할 세금 자체가 없어서 위 조항에서 규율하는 이중과세가 문제될 여지가 없다. 합의서가 소득면제 방식을 채택했음을 이유로 납세자의 국내원천소득에서 북한 지역의 결손금을 공제하는 것을 허용하지 아니하면 납세자에게는 오히려 세금부담이 늘어나게 되어서 이중과세 방지를 위한 합의서의 기본목적에 반한다. 북한의 금강산 관광지구법 제8조는 '개발업자가 하는 관광지구 개발과 영업 활동에는 세금을 부과하지 않는다'라고만 정하고 있고 결손금 이월 공제 규정이 없으므로 북한의 사업장에서 발생한 결손금을 우리나라 법인세법상 과세표준을 산정함에 있어서 고려하더라도 이중의 혜택을 주게 되지 아니한다.

사례 개성공단에서도 손해가 났는데

청구법인은 국내에서 전력을 공급하는 사업자이다. 청구법인은 북측에 있는 개성공단에도 개성지사를 통해 전력을 공급하고 있었다. 개성지사는 국내의 '전기공급약관'에 따라 개성공업지구에 진출한 국내의 기업들에 전력을 공급하는 업무를 수행했는데, 청구법인으로부터 전력을 공급받는 기업의 대부분이 전기공급약관상 '산업용 전력' 공급 대상에 해당했다. 산업용 전력 요금은 종전부터 전력 생산 원가에 비하여 지나치게 저렴하다는 지적이 있었는데, 개성지사가 개성공업지구에 진출한 국내 기업들에 전력을 공급하면 할수록 개성지사의 적자는 불어나게 됐다. 그 결과 원고의 개성지사에서는 수십억 원의 결손금이 발생했다. 당초 청구법인은 이러한 결손금을 과세표준에서 공제하지 않은 채 법인세를 신고납부했다. 그러던 중 청구법인은 '남북 이중과세 방지 합의서에는 손실이 발생할 경우 납부할 세금이 없으므로 이중과세 문제가 발생될 여지가 없다'는 취지의 금강산 관광지구의 사업에서 발생한 결손금을 과세표준에서 공제할 수 있다는 대법원 판례를 알게 됐다. 개성지사의 결손금도 당연히 법인세 과세표준에서 공제해줄 것으로 믿고 국세청에 그에 상응하는 법인세의 환급을 청구했다.

과세당국은 금강산 관광지구의 사업에서 발생한 결손금을 법인세 과세표준에서 공제할 수 없다고 주장한 것과 동일한 주장을 하면서, 아래의 주장을 추가했다.

> 개성공업지구는 금강선 관광지구와 달리 북한 당국에 의해 결손금을 5년간 이월공제할 수 있으므로 개성지사 손실에 대하여 우리나라에서 별도로 공제하는 것은 곤란하다. 금강산 관광지구는 금강산관광지구법[30]에 따라 북한에서 세금을 부과하지 않으므로 국내 소득과 합산하여 결손금의 손금산입이 가능한 것이지만, 청구법인의 개성지사의 경우 개성공업지구 세금 규정 제24조에 따라 결손금을 5년간 이월공제할 수 있도록 규정하고 있어 우리나라에서 북

---

[30] 2002. 11. 13. 최고인민회의 상임위원회 정령 제3413호 제8조.

한 결손금을 당기에 별도로 공제해주는 것은 곤란하다.

청구주장과 같이 개성지사 손실을 청구법인의 비용으로 하면 동일한 손실에 대해 남북에서 이중으로 공제받게 된다. 청구법인은 개성공업지구 세금 규정에 따라 매년 별도로 개성지사 손실을 다음 사업연도에 누적관리하고 있어서 이후 소득발생 시 이월결손금을 공제받을 수 있고, 어느 사업연도의 손실을 우리나라에서 비용으로 인정해준다면 우리나라에서는 당해 사업연도에, 북한에서는 이후 소득발생 사업연도에 공제받음으로써 동일한 결손에 대해 이중으로 공제받는 결과를 초래하게 된다.

법원은 우선 법인세법 규정의 적용을 배제할 수 있는 다른 법률상 근거가 없는 이상 법인세법 규정에 따라 원고의 과세표준을 계산함에 있어 개성지사에서 발생한 결손금은 손금에 산입되어야 하는 것으로 판단했다.[31]

개성지사에서 발생한 손실은 북한에서 그 후속 사업연도에서 발생한 이익에서 공제할 수 있고, 또한 우리 법인세 과세표준에서도 공제하면 이중의 혜택을 얻게 된다는 주장에 대해서는 다음과 같이 판단했다.

① 합의서 제22조가 소득면제 방식을 채택했음을 이유로 국내원천소득에서 북한의 고정사업장에서 발생한 손실을 공제하는 것을 허

---

31 서울행정법원 2015. 12. 18. 선고 2015구합66578 판결, 서울고등법원 2016. 07. 19. 선고 2016누31212 판결. 대법원에서 심리불속행으로 확정됐다(대법원 2016. 10. 27. 선고 2016두47628 판결).

용하지 않는다면 납세자에게는 오히려 세금부담이 늘어나거나 새로 생기는 것과 같은 결과가 초래되는바, 이는 이중과세를 방지하여 조세부담을 경감시키기 위해 체결된 합의서의 기본목적에 명백히 반하는 점, ② 합의서는 조세조약과 유사한 면이 있는데, 일반적으로 조세조약에서 이중과세를 방지하기 위한 방법으로 소득면제 방식을 채택한다고 하여 결손금 산입이 논리필연적으로 부정되는 것은 아닌 점,[32] ③ 합의서의 이중과세 방지 조항은 '상대방에서 얻은 소득에 대하여 세금을 납부했거나 납부하여야 할 경우'를 전제로 하고 있는데, 손실이 발생한 경우에는 납부할 세금이 없어 위 조항에서 정한 이중과세가 문제될 여지가 없고, 합의서에 규정된 내용에 대해서는 국내 세법에 우선하여 적용되어야 하나 그 반대해석상 합의서에 규정되지 아니한 내용에 대해서는 국내 세법이 우선 적용되어야 하는 점, ④ 법인세법상 수익비용대응의 원칙은 실현된 수익과 그 수익에 관련된 원가, 비용 및 손실을 기간적 또는 대상적으로 대조하여 표시하는 것을 말하는 것으로서 기본적으로 수익이 확정되면 거기에 대응하는 원가, 비용 등을 산입하고자 하는 것이어서, 소득에 대한 과세가 면제되는 사업수행 과정에서 발생한 결손금을 비용으로 할 수 있는지 여부와는 직접적인 관련이 있다고 보기 어려운 점,[33] ⑤ 원고는 개성공업지구에 입주한 국내 기업

---

32 OECD 모델조세협약 주석 제44호는 동 협약 제23A조(면제방법)를 적용함에 있어 국가에 따라 손실의 공제를 허용하거나 또는 허용할 수도 있으며, 이에 대한 해결책은 일차적으로 체약국의 국내법에 달려 있고, OECD 회원국의 국내법은 상호 간에 근본적으로 상이하므로 이 협약 자체에서는 어떠한 해결책도 제시될 수 없고, 필요한 경우 체약국은 손실에 관련된 문제를 조문 자체 또는 상호 합의절차에 의해 상호 간에 명확히 할 수 잇다고 하고 있다.

33 과세되지 않는 수익이 발생하면 그에 대응하는 비용도 공제되지 않아야 한다. 따라서 소득에 대한 법인세 과세가 면제되면 그 사업에서 발생한 결손금도 공제되지 않아야 한다는 주장에 대한 판단이다.

들에게 저가로 산업용 전력을 공급해왔는바, 북한에서의 결손금 이월공제로 인한 이중의 혜택 문제는 법인세법에 이와 관련한 명시적 규정을 둠으로써 해결하여야 하는 것이지, 이와 같은 이중의 혜택이 발생할 수 있다는 우려만을 들어 내국법인에 대한 법인세를 부과함에 있어 북한의 사업장에서 현실적으로 발생한 결손금을 고려하지 않는 것은 지나치게 과세권만 강조하는 것이고, 남북 교류·협력을 증진하고 민족경제의 균형적인 발전에 기여함을 목적으로 하는 개성공업지구 지원에 관한 법률의 입법 목적에도 반하는 점, ⑥ 북한에서는 결손금 이월공제 규정이 있지만 원고는 개성공업지구에 입주한 국내 기업들에게 산업용 전력을 저가로 공급함에 따라 개성공업지구에 진출한 이래 계속하여 손실만 보고 있었으므로 사실상 위 규정에 따른 결손금 이월공제 혜택을 받을 수 없었던 점에 비추어 결손금 공제가 타당하다고 판단했다.

앞서 본 바와 같이 각국의 국내세법에서 이중과세를 방지하는 방법을 규정하고 있다. 외국에서 납부한 세액을 자국에서 납부할 세액에서 공제하는 방식이거나, 국외에서 발생한 소득을 과세소득에서 제외시키는 소득면제 방식이다.

앞서 본 두 건의 사건에서는, 남북 간 합의서에서는 소득면제 방식으로 정하고 있는데, 우리 법인세법에서는 세액공제 방식을 규정하고 있어 어떤 방식을 적용하는 것이 맞는지가 문제가 된 것이다. 소득면제 방식을 일관되게 적용하려면 국외에서 발생한 손실도 국내의 과세소득 계산에서 고려하지 않는 것이 타당하다. 소득면제 방식은 자본수입의 중립성(capital import neutrality)에 기반을 둔 제도이다. 어느 나라의 기업이 사업을 하든 사업을 하는 장소에 적용되는 세법에 따라 세금을 납부하면 그것으로 모든 납세의무가 끝나야 한다는 관념에 따른 것이다. 결손이 발생하더라도 그 사업을 하는 지역에 적용되는 세법에 따라 처리하는 것으로 세무처리가 종결되어야 한다. 반면 세액공제 방식을 적용하면 국외에서 발생한 손실은 과세표준 계산에서 공제되는 것이 타당하다.

남북 간의 합의서는 사실상 우리가 외국과 맺은 조세조약과 유사하다. 조세조약의 기본적인 목적은 과세권의 배분 및 과세할 수 있는 금액의 한도를 정하는 데 있다. 구체적인 과세 방식은 각국의 세법에 따르게 된다. 합의서에는 소득면제 방식을 정하고 있더라도 구체적으로 이중과세를 배제하는 방식은 국내세법에 따르는 것이 타당하다. 이러한 측면에서 법원의 판결이 타당한 측면이 있다. 그러나 이러한 논리를 일관하게 되면 북한에서 하는 사업으로부터 발생한 이익에 대해 세금을 납부하고, 이 세금에 대한 이중과세 조정 방식을 국내세법에 따르게 되면 외국납부세액공제 방식을 적용해야만 한다. 이러한 방식은 남북 간의 합의서가 의도한 것이 아닌 것이다. 이중과세 방지의 적용 방식을 명확하게 하기 위해서는 국내세법에 그 구체적인 방식을 규정하는 것이 타당하다. 남북 간의 합의서에 이를 맡겨 두는 것은 어딘가 이상한 측면이 있다.

5

북한투자 지적재산권 보호

한동수 율촌 변호사

북한투자와 지적재산권

10년간의 개성공단 사업 경험(현대경제연구원의 2014년 보고서에 따르면 남한은 32억 6,000만 달러의 내수 진작 효과, 북한에는 3억 8,000만 달러의 외화수입을 가져다준 것으로 추정)에서 알 수 있듯이, 북한은 생산요소 중 노동에서 중국, 러시아, 베트남 등에 비해 현저한 비교우위에 있는 등 매우 유리한 투자조건을 가지고 있으므로(미국 국제개발처가 분류한 기업의 해외투자 동기 중 이른바 '생산효율 지향형'), UN과 미국의 대북 제재가 완화·해제되고 북한이 시장경제의 이익공유 모델에 동의할 경우 북한은 최적의 투자 대상으로 선택될 수 있고, 중국에 이어 또 다른 글로벌 OEM 생산기지로 부상할 가능성이 있다.

북한투자와 관련한 기본법인 외국인투자법과 북남경제협력법 모두 투자 대상에 공업소유권 같은 지식재산권을 포함하고 있고, 투자 재산의 국유화 및 제한 금지, 투자금 회수 보장, 경영 활동 조건에서 내국민보다 우월한 지위를 보장하는 내용이 담겨 있다. 특히 북남경제협력법에 따른 남북 사이의 투자보장에 관한 합의서는 투자자산에 저작권, 상표권, 특허권, 의장권, 기술 비결을 비롯한 지적재산권과 이와 유사한 권리를 포함하면서(제1조 제1호 다목), 외국 투자자와 동등하거나 더 유리한 대우를 보장(제3조 제1호)하도록 규정하고 있다.

그런데 저작권, 특허, 상표권, 디자인권 등의 지식재산권의 경우는 속지주의(屬地主義) 원칙이 적용되므로 북한에서 지식재산권을 실효적으로 보호받기 위해서는 국제법의 직접 적용이든, 아니면 북한 국내법에 따른 적용이든 법적인 근거가 요청된다. 그에 따라 북한에서 지식재산권 보호에 관한 국제조약과 북한 국내법의 관련 규정을 이해하고, 남한의 지식재산권 법제와 다른 부분을 체크하고 대비할 필요가 있는 것이다.

한편 지식재산권은 본격적인 실물투자가 이루어지기에 앞서 해당 국가와 지역에 미리 진입하는 특성을 가진다. 2018년 6월 12일 김정은 북한 국무위원장과 트럼프 미국 대통령 사이의 북미정상회담의 합의사항(① 새로운 북미관계 설립 노력, ② 한반도의 평화체제 구축 노력, ③ 2018년 4월 27일 판문점 선언의 재확인과 완전한 비핵화 노력)에 따라 북미·남북 관계가 평화 기조로 진입함에 따라 북한에 대한 투자 기대감이 상승하면서 미국, 중국을 비롯한 외국 투자자들의 북한 내

특허, 상표출원이 늘어나고 있다는 신호가 잡힌다.

지식재산권은 출원 후 등록에 이르기까지 또한 등록 후 실시되기까지 상당한 기간이 소요되므로 UN 등 제재가 활동 중인 현 단계에서 즉각적으로 비즈니스로 연결될 만한 법적 이슈가 제기되지는 않으나, 지식재산권은 종국적으로는 투자를 보호하고 투자가치를 높이는 데 결정적인 역할을 하는 것이므로 앞으로 예상되는 지식재산권 보호 관련 이슈를 선제적으로 검토하고 미리 대응할 필요가 있다.

더욱이 지식재산권은 소유권 등 다른 사권과 달리 국제적인 성격이 강하여 규범과 집행의 통일화가 용이할 뿐만 아니라, 사회경제적 질서와 정치체제로부터 비교적 중립적인 성격을 가지므로 당사국의 협의를 통하여 좀 더 신속하고 용이하게 해결이 가능한 분야라는 특성을 가진다.

북한 지식재산권 관련 국제조약에 가입한 현황 및 국제특허, 상표출원 현황

세계지식재산권기구(WIPO)의 웹사이트(http://www.wipo.int/wipolex/en/profile.jsp?code=KP)에 따르면, 북한이 현재 가입·발효 중인 국제조약의 현황은 다음 표에 기재된 바와 같다. WIPO는 1970년 4월 26일 설립된 UN 전문기구로서 제네바에 사무국을 두고 21개의 국제조약을 관장하는데, 그중 가장 중요한 2개 조약은 산업재산권 보호에 관한 파리 협약과 저작권 보호에 관한 베른 협약이라 할 수 있다.

북한은 원산지 명칭 보호와 국제등록을 위한 리스본 협정에 가입

국제기구와 국제조약	발효일	비고
특허법조약(Patent Law Treaty)	2018. 8. 22.	남한 미가입
시각장애인 저작물 접근권 개선을 위한 마라케시 조약 (Marrakesh Treaty to Facilitate Access to Published Works for Persons Who Are Blind, Visually Impaired or Otherwise Print Disabled)	2016. 9. 30.	
상표법에 관한 싱가포르 조약(Singapore Treaty on the Law of Trademarks)	2016. 9. 13.	
원산지 명칭 보호와 국제등록을 위한 리스본 협정(Lisbon Agreement for the Protection of Appellations of Origin and their International Registration)	2015. 1. 4.	남한 미가입
문학과 예술적 저작물의 보호를 위한 베른 협약(Berne Convention for the Protection of Literary and Artistic Works)	2003. 4. 28.	
국제특허 분류에 관한 스트라스부르그 협정(Strasbourg Agreement Concerning the International Patent Classification)	2002. 11. 21.	남한 미가입
특허절차상 미생물기탁의 국제적 승인에 관한 부다 페스트 조약(Budapest Treaty on the International Recognition of the Deposit of Microorganisms for the Purposes of Patent Procedure)	2002. 2. 21.	
산업디자인의 국제 분류 제정에 관한 로카르노 협정 (Locarno Agreement Establishing an International Classification for Industrial Designs)	1997. 6. 6.	남한 미가입
표장의 등록을 위한 상품 및 서비스의 국제 분류에 관한 니스 협정(Nice Agreement Concerning the International Classification of Goods and Services for the Purposes of the Registration of Marks)	1997. 6. 6.	
표장의 국제등록에 관한 마드리드 협정에 대한 의정서 (Protocol Relating to the Madrid Agreement Concerning the International Registration of Marks)	1996. 10. 3.	
산업디자인의 국제등록에 관한 헤이그 협정(Hague Agreement Concerning the International Registration of Industrial Designs)	1992. 5. 27.	
특허협력조약(Patent Cooperation Treaty)	1980. 7. 8.	
표장의 국제등록에 관한 마드리드 협정(Madrid Agreement Concerning the International Registration of Marks)	1996. 10. 3.	
공업소유권 보호를 위한 파리 협약(Paris Convention for the Protection of Industrial Property)	1980. 6. 10.	
세계지식재산권기구 설립 협약(Convention Establishing the World Intellectual Property Organization)	1974. 8. 17.	

국제특허분류	발명의 명칭 / 출원번호	출원인	국가	공개일 / 발명자
	1. WO/2018/124314 MULTIFUNCTIONAL COMPOSITE BUILDING MATERIALS AND CONSTRUCTION THEREOF		WO	05.07.2018
C04B 28/00	⊙ PCT/KP2016/000044	RI, Byong Hyok		RI, Byong Hyok
	Multifunctional composite building materials, which are obtained by mixing nano silicon dioxide, nano titanium dioxide, nano aluminum oxide and nano zinc oxide with nano nickel-cobalt ferrite or nano nickel-zinc ferrite; surface active agent; air entrained agent such as diethanolamine lauryl sulphonate, protein extracts, pulp waste liquid, diatomite; " kumgang" medical stone; viscosifier such as hydroxyl ethyl cellulose and foam elimination agent such as tributyphosphoric acid ester or butanol in a certain ratio.			
	2. WO/2018/105754 METHOD FOR INCREASING THE ELECTRIC POWER OUTPUT BY WEAKENING THE ELECTROMAGNETIC BRAKING FORCE TO BE EXERTED ON THE ROTOR OF ELECTRIC GENERATOR		WO	14.06.2018
H02K 1/00	⊙ PCT/KP2017/000045	KIM, Songho		KIM, Songho
	It relates to a method for increasing the electric power output by weakening the electromagnetic braking force to be exerted on a rotor of an electric generator. If secondary air gap besides the primary one is formed by "Gap core" or "Virtual air gap" in an armature magnetic circuit of the electric generator, the frequency of the electric generator is increased and the energy is conserved by weakening the electromagnetic braking force to be exerted on the rotor of the electric generator. A core between primary and secondary air gap is named "Gap core"."Virtual air gap" is the short and narrow part of a ferromagnetic core which is formed by grooving certain part of armature core or field pole. If "Virtual air gap" is saturated, it is characteristic of air gap and operates as secondary air gap. It is directed to produce electric power by consuming less energy.			
	3. WO/2017/159884 HIGH-PERFORMANCE PERMEABLE CRYSTALLINE WATERPROOF AGENT, ITS PREPARATION METHOD AND WATERPROOF CONSTRUCTION METHOD THEREOF		WO	21.09.2017
C04B 28/04	⊙ PCT/KP2016/000041	RI, Byong Hyok		RI, Byong Hyok
	A high-performance permeable crystalline waterproof agent made by mixing the primary materials comprising cement, silica sand and silica powder which is industrial waste, with diatomite, bentonite, surface active agent, hardening accelerator and viscosifier at a certain rate, and its preparation method. A construction method of a high-performance permeable crystalline waterproof agent, which comprises preparing waterproof basal surface, mixing waterproof agent, waterproof construction, spraying lime water on surface of waterproof layer, curing waterproof layer and waterproof test. It achieves waterproofing of the structure by forming an insoluble hydrate within a capillary pore which is a main channel of water leakage in the concrete or the consolidated cement mortar, thereby changing the concrete or the consolidated cement mortar into a waterproof and dense monolithic structure.			
	4. WO/2017/051934 BIO NANO GOLD POLYSACCHARIDE COLLOIDAL SOLUTION AND ITS METHOD OF PRODUCTION		WO	30.03.2017
A61K 9/08	⊙ PCT/KP2015/000040	KIM, Son Sil		KIM, Son Sil
	A bio nano gold polysaccharide colloidal solution, its producing method and use as medicines and health foods, wherein the solution includes nano gold, water-soluble extract of ginseng cultivated in Kaesong area of the DPR of Korea, preferably ginseng polysaccharide, chitosan, preferably chitooligosaccharide, chondroitin sulfate and polysaccharide isolated from the sea fish.			
	5. WO/2017/007038 DEVICE FOR STABILIZING THE CURRENT		WO	12.01.2017
H01F 27/24	⊙ PCT/KP2016/000042	YUN, Guk Hwan		YUN, Guk Hwan
	A device for stabilizing the current has a core whose ratio of the sectional area of the second leg (S2) to the sectional area of the first leg (SI) is within the range of 0.6-0.95 and a compensating winding wound around the first leg of the core, while producing no saturation of the magnetic flux. It is possible to save at least 30% or usually 50-70%, or more preferably 80-90% of the consuming power when comparing with the prior art for limiting the current.			

한 사실로부터 원산지 명칭 보호에 많은 관심을 가지고 있음을 추론할 수 있고, 실제 북한은 2003년 8월 27일 원산지명법을 제정하여 특산품이 생산된 나라와 지역, 지방의 지리적 명칭인 원산지명을 특별히 보호하고 있다.[34]

북한 내국인은 물론 가입국의 국민도 북한과 가입국에 동시에 출원한 효과를 가지는 'PCT 국제특허출원'과 '마드리드 국제상표출원'을 이용할 수 있다.

북한은 다음 표에 기재된 바와 같이 2017년 3건의 국제특허, 2018년 현재까지 2건의 국제특허출원을, 2017년 5건의 국제상표등록, 2018년 3건의 국제상표출원을 했다(WIPO 홈페이지 참조).

---

34 국가정보원 홈페이지에 게시된 북한법령집 참고(http://www.nis.go.kr/AF/1_2_1.do)

Brand	Source	Status	▶	Relevance	◀	Origin	Holder	Number	App. Date	Image Class	Nice Cl.	Image
JONGWON	WO TM	Pending	10			KP Compagnie de commerce de Kiumkan		8655	2019-05-13		29, 31, 35	
KWANGMYONG	WO TM	Pending	15			KP Usine des fournitures scolaires de Pyongyang		4544	2019-05-24	VC.26.03	16	
S . I .	WO TM	Pending	15			KP O.K. GENERAL HEALTH DRINKS FACTORY		4552	2019-05-24	VC.07.09, VC.28.01	6, 29, 30, 32	
PUSONG	WO TM	Active	15			KP PYONGYANG LIGHT INDUSTRY TECHNOLOGY COMPANY		1417764	2018-03-21	VC.03.03, VC.28.01, VC.29.03	30, 31, 32	
RYOMDANGAN	WO TM	Active	15			KP Usine de savons de Ryongsong		1417776	2018-02-15	VC.26.07, VC.26.11, VC.29.03	3, 16	
No Verbal Elements	WO TM	Active	15			KP USINE DES CHAMPIGNONS DE PYONGYANG		1364652	2017-10-31	VC.04.05, VC.26.11, VC.29.01	29, 31	
Baekhak	WO TM	Active	15			KP Usine d'articles d'hygiène buccale et dentaire de Pyongyang		1367203	2017-10-20	VC.02.09, VC.03.07, VC.29.03, VC.29.01	3, 10, 21	
No Verbal Elements	WO TM	Active	15			KP Usine de chaussures de Ryuwon		1367264	2017-10-20	VC.03.07	25	
MINDULLE	WO TM	Active	15			KP Compagnie MINDULLE de Corée		1366600	2017-10-20		10, 34	
HWA WON, HUA YUAN	WO TM	Active	15			KP KUMGANGSAN EXPORTS PRODUCTION COMPANY		1367071	2017-09-12	VC.05.05, VC.28.04, VC.29.03, VC.29.19	29, 30, 33	
No Verbal Elements	WO TM	Active	15			KP Usine alimentaire de Kálma		1362494	2017-07-18	VC.01.03, VC.20.07, VC.28.11, VC.29.01	25, 30	
No Verbal Elements	WO TM	Active	15			KP Fabrique de Kimchi Rihuryong		1369004	2017-07-18	VC.04.05, VC.29.01	29	
Sonamu	WO TM	Active	15			KP Usine de Sennettes de Pyongyang		1369802	2017-06-22	VC.05.03, VC.26.04, VC.29.11, VC.29.01	18	

2017년 국제특허는 '전류 안정화 장치', '고성능 방수제', '바이오 나노 골드 다당류 콜로이드 용액의 제조방법'에 관한 발명이고, 등록상표는 '류경김치공장'과 '갈마식료공장', 평양가방공장

의 책가방 상표인 '소나무', 금강산국제관광특구개발총회사의 건강 상품인 '화원', 북한 삼천리총회사의 '버섯공장' 등이다.

등록상표 5건 중 4건이 식료품에 관한 표장이고 화원의 경우는 위 그림과 같이 북한 대외무역(http://www.wipo.int/branddb/en/)의 90퍼센트를 상회하는 중국 소비자를 염두에 두고 한자가 병기돼 있다. 한편 2016년에는 화장품 상품인 '은하수', '미래', 음료인 '강서천연탄산수' 등 13건을 등록했는바, 해외시장을 고려한 상표출원으로 보인다.

북한에도 특허권이 있는가?

북한은 원칙적으로 생산수단의 사적 소유를 금지하고, 국가와 사회협동단체가 이를 소유하는 것으로 하고 있다(조선민주주의인민공

화국 사회주의 헌법 제20조, 제21조, 제22조). 이러한 입장을 고수할 경우 특허권은 "자본가들에게 거액의 투자에 대한 안정성을 보장해주기 위한 중요한 수단의 하나"이고[35], 특허권 보호는 "자본주의 나라들의 국제경쟁력을 높이기 위한 주요한 수단의 하나"로서[36] 부정적인 존재로 인식되므로 특허권 소유자에게 독점배타권을 부여하는 특허권은 인정되기 어렵고, 국가가 기술이용권을 가지는 발명권만이 가능하게 된다.

그런데 1994년 김일성 주석 사후 김정일 국방위원장이 외국인 투자와 선진 과학기술 도입의 필요성을 강조함에 따라 1998년 9월 5일 헌법 개정을 통해 발명권 이외에 특허권을 법적으로 보호한다고 규정했고(제74조), 같은 해 발명법을 제정하면서 발명권 외에 특허권을 당사자의 신청에 따라 선택할 수 있도록 했다(제9조). 2002년 제정된 신의주특별행정구 기본법 제54조는 "신의주특별행정구는 법에 따라 특허권을 '특별히' 보호한다"고 규정함으로써 특허권과 관련한 북한의 관심이 외국 기업의 유치에 있음을 시사하고 있다.[37]

2018년 9월 현재 시행 중인 발명법(2014년 12월 10일 최고인민회의 상임위원회 정령 제258호로 수정보충된 것)에 따르면, 하나의 발명에 대해서는 '발명권, 특허권, 실용기술발명권, 실용기술특허권' 가운데 어느 하나로 신청(남한법상 출원에 해당)할 수 있도록 돼 있다. 과거 일부 국내 문헌에서 창의고안권이라 부르던 발명은 실용기술발명권,

35 최정희, 「공업소유권과 공업소유권 보호제도에 대한 일반적 리해」, 김일성종합대학학보 력사·법학, 46(2).
36 《조선대백과사전》, 22권, 461면.
37 육소영·윤권순, 「북한의 지식재산권제도에 관한 연구」, 한국발명진흥회 지식재산권연구센터.

국가별 등록수	미국	독일	영국	네덜란드	중국	프랑스	이스라엘	이탈리아	기타	합계
2001	10	4	2	2	0	2	1	2	6	29
2002	6	7	1	2	2	1	1	0	7	27
2003	16	14	8	1	0	0	0	0	11	50
2004	8	4	2	0	1	2	0	0	10	27
2005	8	0	1	4	0	2	2	0	6	23
2006	4	2	1	4	1	2	0	2	8	23
2007	2	1	2	1	1	0	1	0	5	13
국가별 합계	54	32	17	14	5	9	5	3	53	192/3661

실용기술특허권으로 부르는 것이 타당한 것으로 보인다.

우리나라 특허청에 해당하는 북한의 발명총국에서 매월 발행되는 〈조선민주주의인민공화국 발명공보〉의 2018년 6월호(국립중앙도서관 내 통일부 북한자료센터 소장 자료)에 따르면, 2018년 2월 발명신청된 발명이 총 157건, 특허신청된 발명이 14건, 2017년 7월 발명등록된 발명이 97건, 특허등록된 발명이 총 11건이고, 신청인으로 외국인은 없는 것으로 나타나는 바, 북한의 기관, 기업소는 대다수 특허권이 아닌 발명권을 신청하는 것임을 알 수 있다.

참고로 2001년부터 2007년까지 총 등록수 3,661건 중 외국인의 등록수는 192건을 차지하여 총 등록수 중 약 5퍼센트를 차지하고 있으며, 국가별 등록수는 아래 표에 기재된 바와 같다.[38]

위와 같은 조사 결과를 보더라도 외국 기업들이 적어도 2000년대

---

38 신지연 외, 「남북한 지식재산권 제도의 조화방안」, 특허청 보고서(2008) 참조.

중반까지 북한을 특허권을 따로 등록받을 만한 이익이 큰 시장으로 인식하고 있지는 않았던 것으로 보인다.

조용필의 평양공연은 북한에서도 저작권으로 보호받을 수 있을까?

지난 2005년 8월 광복 60주년 기념행사의 하나로서 대한민국 최고의 인기가수 중 한 사람인 조용필이 평양에서 공연을 했고, 이는 남한과 북한의 방송을 통해 동시에 중계됐다. 이날 행사를 저작권법적인 측면에서 본다면 '실연(實演)'에 해당하고, 그에 따라 여러 가지 저작권법상 문제가 발생할 수 있는 상황이었다. 예를 들어 이날 공연이 판매용 음반으로 녹음·제작되어 남한에서 이를 사용하여 방송하는 경우 실연자인 조용필에게 상당한 보상을 해야 한다(저작권법 제65조 제1항 본문). 한편 북한 저작권법에 의하면 "국가관리에 필요한 저작물을 복제·방송하거나 편집물 작성에 이용할 경우"에는 자유이용(fair use)의 대상에 해당하므로 위 조용필의 공연이 녹음된 판매용 음반을 방송하는 것이 북한의 국가관리에 필요하다고 인정되기만 하면 조용필에 대한 보상 없이 얼마든지 방송이 가능하게 된다(북한 저작권법 제40조, 제32조 제4호). 이와 같은 차이는 남한과 북한의 저작권법상 차이에서 비롯된 것임은 말할 필요도 없다.[39]

헌법 제3조 영토조항을 근거로 북한에도 우리나라(남한) 법의 효력이 미치는 것으로 보는 대법원 판례와 헌법재판소 결정의 취지에 따르면, 남한의 저작권법이 북한에도 그대로 적용되므로 남한의 저

---

39 남형두, 「북한 저작권법 연구: 조용필의 평양공연은 북한에서도 저작권법상 보호받을 수 있는가」, 법조.

작권법에 따라 저작권으로 보호받을 수 있다는 결론에 이를 수 있다.

그러나 북한의 국가성을 인정하거나 적어도 국제법상으로는 국가로 인정해야 한다는 견해에 서면 남한의 저작권법은 북한에 효력을 미치지 않고 북한에는 북한의 저작권법이 적용되므로 위와 같은 경우 북한 저작권법상 보호를 받지 못할 수 있다.

즉 북한 저작권법 제32조 제1호는 "국가관리에 필요한 저작물을 복제·방송하거나 편집물 작성에 이용할 경우" 저작권자의 허락을 필요로 하지 않는다고 규정하고 있는데, 남한 저작권법 제23조가 "재판절차를 위하여 필요한 경우이거나 입법·행정의 목적을 위한 내부자료로서 필요한 경우에는 그 한도 내에서 저작물을 복제할 수 있다. 다만 그 저작물의 종류와 복제의 부수 및 형태 등에 비추어 당해 저작재산권자의 이익을 부당하게 침해하는 경우에는 그러하지 아니하다"라고 규정하는 것과 대비해볼 때, 저작물의 공정이용 요건이 매우 완화돼 있고 이용 형태도 광범위하다. 여기서 '국가관리에 필요한'은 국가기관의 기능과 역할 수행을 위해 필요한 경우로 새기는 견해가 유력하다.[40]

지금까지 북한 저작물의 남한 내 이용에 관하여 북한으로부터 여러 경로를 통하여 저작권 침해 주장이 있었던 반면, 남한 저작물의 북한 내 이용에 관해서는 북한 내 남한 저작물 유통 자체가 불법인 현실에 비추어 남한으로부터 저작권 침해 주장이 제기된 사례는 없었던 것으로 보인다.

---

40 최경수, 「북한 저작권법 및 남북 간 저작권 분야 교류·협력에 관한 연구」, 한국저작권위원회, 68면.

그러나 향후 남북한 상호 보호를 위한 방법으로 국제법 측면과 국내법 측면에서 이 부분을 검토해볼 필요가 있다.

먼저 국제법 측면에서는 남한과 북한 모두 저작권 보호에 관한 베른 협약에 가입돼 있으므로 베른 협약상 의무 이행을 부담한다는 점에 착안하여 논의가 시작된다. 베른 협약 제5조 제1항은 가입국 상호 간의 내국민 대우의 원칙에 관해 "저작자는 이 협약에 따라 보호되는 저작물에 관하여 본국 이외의 동맹국에서 각 법률이 현재 또는 장래에 자국민에게 부여하는 권리 및 이 협약이 특별히 부여하는 권리를 향유한다(Authors shall enjoy, in respect of works for which they are protected under this Convention, in countries of the Union other than the country of origin, the rights which their respective laws do now or may hereafter grant to their nationals, as well as the rights specially granted by this Convention)"라고 규정하고 있다. 위 조항에 따르면 남한의 저작물은 북한에서도 북한 저작권법상 북한 저작물과 동일한 보호를 받을 여지가 있다고 볼 수 있으나, 남북한 상호 간은 상대방을 '국가'로 승인하지 않고 있어서 베른 협약상 연결점인 국적(nationality)을 근거로 한 상호 보호에는 난점이 있다. 일본 최고재판소 역시 일본이 국가로 승인하지 않는 북한의 저작물은 저작법상의 보호 대상이 되지 않는다고 판결한 바 있다.

다음으로 국내법 측면에서는 헌법 제3조의 "대한민국의 영토는 한반도와 그 부속도서로 한다"는 규정('영토조항')과 헌법 제4조의 "대한민국은 통일을 지향하며, 자유민주적 기본질서에 입각한 평화적 통일 정책을 수립하고 이를 추진한다"는 규정('통일조항')과 관련하여 논의된다. 북한의 국가성에 관해서는 긍정설과 부정설이 있는데, 대법원과 헌법재판소는 일관하여 부정설을 취하고 있다. 대법원 1990. 9. 23. 선고 89누6396 판결은 이른바 두만강 사건에서 "이 법(저작권법) 규정의 효력은 대한민국 헌법 제3조에 의하여 여전히 대한민국의 주권범위 내에 있는 북한 지역에도 미치는 것이다"라고 판시함으로써 북한의 국가성을 부정했다. 그에 따라 남한의 저작권이 북한 지역에도 그대로 효력이 미치는 것으로 했다. 그런데 이러한 입장은 북한의 저작물은 남한에서 보호되지만, 북한 지역에는 이론상 남한 저작권법에 의한 보호가 가능하지만 남한 규범의 실효적 집행이 이루어지지 않고 있으므로 사실상 보호가 되지 않는 결과가 된다.

한편 1991년 12월 13일 체결된 남북기본합의서('남북 사이의 화해와 불가침 및 교류·협력에 관한 합의서')에 따라 북한 저작권사무국과 포괄적인 저작권 협력을 기초로 남북 간 문화 교류를 목적으로 하는 '남북경제문화협력재단'이 설립된 바 있다.

그런데 위 기본합의서의 법적 성격에 관하여 국제법 주체 간에 적법하게 이루어진 당국 간 합의로 보는 견해가 있으나, 대법원 1993. 7. 23. 선고 98두14525 판결은 "국가 간의 조약 또는 이에 준하는 것으로 볼 수 없고, 따라서 국내법과 동일한 효력이 있는 것으로 볼 수 없다"고 판시했고, 헌법재판소 역시 2000. 7. 20. 자 98헌바63 전원재판부 결정에서 "기본합의서는 일종의 공동성명 또는 신사협정에 준하는 성격을 가짐에 불과하여 법률이 아님은 물론 국내법과 동일한 효력이 있는 조약이나 이에 준하는 것으로 볼 수 없다"고 판시했다. 북한은 자국법의 절차에 따라 남북기본합의서를 조약으로 비준하고 승인하는 작업을 거쳤으나, 이를 국가 간 합의로 인정하는지는 분명치 않다.

북한의 특허제도는 남한과 어떻게 다른가?

북한 현행 발명법(1998년 5월 13일 제정되고 2014년 12월 10일 개정된 것)상 우리나라 특허법과 대비해볼 때 특색 있고 북한 내 자본과 기술을 투자하고 영업 활동을 영위하고자 하는 입장에서 유의할 만한 조항을 간추려보면 다음과 같다.

제9조에 따르면 발명권이나 특허권 신청자(출원인)는 하나의 발명에 대해 발명권, 특허권, 실용기술발명권, 실용기술특허권 가운데 어느 하나로 선택하여 신청해야 한다. 1978년 외국인에 대해 특허권이 인정되었고 1986년 북한 내국인에 대해서도 특허권이 인정됐다. 발명권으로 출원할 것인지, 특허권으로 신청할 것인지는 당사자의 선택에 달려 있으나 북한 내국인의 경우 발명권이 압도적으로 많다. 이와 같이 북한은 사회주의의 본성에 부합되는 발명권을 주로 하면서 특허권 또한 인정하는 이원적 구조를 가진 것이 주요한 특징이다.

제18조는 발명으로 될 수 없는 대상으로 발견, 과학적 이론, 수학적 방법, 미학적 창조물, 정신 활동이나 유희, 경영 활동을 위한 규칙과 방법, 기술적 해결이 없는 컴퓨터 프로그램, 정보의 표시 방법을 열거하고, 제19조에서는 발명권·특허권을 받을 수 없는 발명으로, 조선 민족의 사회주의 생활양식에 맞지 않거나 사회공동의 이익에 저해를 주는 대상, 식물이나 동물변종 혹은 동식물의 순수 생물학적인 사육 및 재배 방법, 사람이나 동물의 수술 방법, 치료 방법, 사람

이나 동물을 대상으로 하는 진단 방법과 관련한 발명을 열거하고 있다. 북한에는 물질특허가 인정되지 않는 것으로 기재된 문헌이 있으나, 현행법상으로는 물질특허가 인정된다.

제20조는 발명권·특허권을 받을 수 있는 조건, 즉 특허요건으로 신규성, 발명 수준, 도입 가능성 셋을 들고 있는데, 그중 발명 수준은 우리나라의 진보성에 대응되고 그 기술에 숙련된 자가 선행 기술에 기초하여 발명을 쉽게 예측할 수 없다는 것이고, 도입 가능성은 우리나라의 산업상 이용 가능성에 대응되고 발명을 공업, 농업, 수산업, 임업을 비롯한 인민경제의 여러 부문에서 이용할 수 있다는 것을 의미한다. 제21조는 발명 수준이 없어도 신규성과 도입 가능성이 있는 발명의 경우에는 실용기술발명권이나 실용기술특허권을 받을 수 있도록 하고 있다. 우리나라의 실용신안권과 유사하나, 우리나라 실용신안권은 고도의 창작을 요하지 않는다는 점에서 특허권과 구별될 뿐 진보성 자체는 인정하므로 다소 차이는 있다.

제26조는 다른 나라의 신청자가 특허권 등록을 신청할 경우에는 반드시 발명대리기관에 위탁하여 해야 한다고 규정하고 있다.

제42조는 특허권의 보호기간은 신청일로부터 15년인데, 특허권자의 요구에 따라 5년간 연장 가능하다고 규정함으로써 연장할 경우 우리나라와 같은 20년을 보호기간으로 삼고 있다.

제53조는 특허권 관련 분쟁 발생 시 당사자들 사이에 협의의 방법으로 해결할 수 없을 경우 발명행정기관에 제기하도록 한다.

발명행정기관은 분쟁 해결을 위한 해당 조사를 하고(제54조), 특허권 침해행위로 판단되는 경우 중지요구(제55조), 손해보상(제56조)

을 명할 수 있다.

발명·특허권을 침해한 경우 행정적 책임(제63조), 형사적 책임(제64조)을 부담하도록 규정하고 있다. 형법 제117조는 특허권, 상표권, 공업도안권, 원산지명권을 침해한 경우 1년 이하의 노동단련형에 처하고 정상이 무거운 경우에는 2년 이하의 노동교화형에 처하도록 규정하고 있다. 행정처벌법은 과학기술성과자료를 그릇되게 평가 또는 묵살했거나 생산이 받아들이지 않은 경우(제138조), 과학기술성과자료를 도용했거나 비법적으로 도입한 경우(제139조) 모두 경고, 엄중경고, 자격정지, 강급, 벌금 또는 3개월 이하의 무보수 노동, 노동교양 처벌을 주고, 정상이 무거운 경우에는 3개월 이상의 무보수 노동, 노동교양 또는 강직, 해임, 철직 처벌을 주도록 돼 있다.

북한의 상표제도는 남한과 어떻게 다른가?

북한 상표법(1998년 1월 14일 제정되고 2012년 11월 13일 개정된 것)상 우리나라 상표법과 대비해볼 때 북한 내에서 상표를 사용하여 상품 및 서비스 거래를 하고자 하는 입장에서 의미 있는 조항을 추려보면 다음과 같다. 상품을 제조하고 판매하려는 기업가와 투자자 입장에서는 특허권보다는 상표권이 당장의 현실 문제로 다가올 것이다.

제11조는 외국인도 상표등록을 할 수 있는데, 이때는 특허권과 마찬가지로 반드시 대리기관을 통해 상표등록 신청을 해야 한다고 규정한다.

제21조는 상표등록 거절사유 10개를 열거하고 있는데, '이미 등록된 상표와 같거나 유사한 표식, 상품 또는 봉사에 대한 허위적 내

용을 담은 표식, 상품 이름, 조성, 특성 같은 것만의 표기, 널리 알려진 상표, 유명한 상표와 같거나 유사한 표식, 북한을 비우호적으로 대하는 나라나 지역에서 등록을 신청한 표식 또는 표기' 등이 있다. 남한과 달리 외국의 유명 상표를 모방한 출원 및 현저한 지리적 명칭만으로 된 표장에 대한 거절 규정이 없고, 사용에 의한 식별력 취득 규정이 없는 점이 다르다.

제24조는 등록된 상표에 대해 의견이 있을 경우 상표등록 신청일로부터 1년 안에 상표등록기관에 의견을 제기할 수 있도록 함으로써 등록 무효를 구할 제척기간이 단기간이다.

제39조는 상표를 등록한 날부터 5년 동안 사용하지 않았을 경우 상표권의 효력이 자동적으로 소멸되는 것으로 했다. 북한은 남한 국민의 상표등록을 지속적으로 불허하고 있는바, 중국과 홍콩 등 제3국을 통한 우회경로를 통해 상표등록을 받았던 우리나라의 신세계, 오리온 초코파이 등도 위 조항에 따르면 특별히 북한에서의 상표 사용 사실이 없는 한 이미 상표권의 효력이 실효된 것으로 볼 가능성이 높다. 한편 이 조항은 상표권에 관한 입법례 중 사용주의적 요소를 가미한 것인데, 당초의 입법 취지와 달리 상표 브로커에 의한 상표권 수집과 선점에 대한 적절한 통제 및 여과 장치로서의 역할을 할 수도 있을 것으로 보인다.

제44조는 비법적으로 상표를 제작·인쇄·이용·매매하거나 다른 나라에서 만들어 들여오거나 허위 및 위조 상표를 붙인 상품, 상표가 없는 상품을 판매·수출입하는 것 같은 행위를 할 수 없도록 규정하고 있다. 제47조는 상표권 침해 시 손해배상, 몰수, 영업 활동 중지

를 규정하고 있다. 제48조는 상표권의 비법적 양도, 사용허가 또는 등록상표의 변경 사용 시 상품의 생산 또는 봉사의 중지·등록취소를 할 수 있도록 규정하고, 제49조는 상표법을 위반하여 상표사업에 엄중한 결과를 일으킨 경우 정상에 따라 행정적 또는 형사적 책임을 지도록 규정했다. 이들 규정은 북한이 특별히 다른 지식재산권 유형 가운데 상표 제도와 질서에 대해 엄중한 보호를 규정하고 있는 것으로 보인다.

제50조는 분쟁해결 방법으로는 '협의 ⇒ 상표등록기관, 비상설상표심의위원회 ⇒ 재판 또는 중재기관'의 순서에 의하도록 했다.

투자자의 입장에서는 무엇보다 자국에서의 상표를 북한에서도 계속 사용할 수 있을지가 가장 큰 관심사가 될 것인데, 구체적으로는 타인에 의해 북한에서 상표등록이 이미 선점되었는지 여부, 북한에서도 상표등록을 할 수 있는지 여부가 문제로 될 것이다.

먼저 북한에 등록된 상표의 현황을 파악할 수 있도록 발명·특허권에 관한 발명공보와 같이 상표공보가 발행되는지, 상표권 관련 데이터베이스가 구축돼 있는지 여부가 확실치 않고 그 상표공보의 존재를 보았다는 진술이나 문헌자료를 찾아볼 수 없다는 사실상 제약이 있다. 다음으로 중국 국적의 이른바 치앙쭈, 치앤커들이 북한에서 남한의 상표를 다수 선점했을 것으로 짐작하는 견해가 있다. 만일 남한 상표들이 선점되었을 경우 북한 상표법상 그 상표등록을 무효로 하여 소급적으로 실효시킬 방법이 없고 오히려 남한 상표 사용자의 상표등록이 북한에서 선점된 선등록상표와 유사하다는 이유로 등록 거절될 가능성을 배제할 수 없다. 또한 남한에서 사용에 의한 식별력을 취득한 다수의 상표는 북한에서 상표등록을 받지 못하는 상황에 직면할 수 있다.

이와 같이 북한 상표제도의 미비한 점은 투자자들의 북한 진출 활성화를 위해 북한 상표법에 외국 모방상표의 등록을 거절하는 규정을 신설하는 등의 조치를 통하여 시급히 보완되어야 할 부분으로 생각된다.

기술상 정보와 아이디어는 어떻게 보호되는가?

우리나라의 경우 부정경쟁방지 및 영업비밀보호에 관한 법률, 산업기술유출방지 등에 관한 법률, 발명진흥법, 특허법, 실용신안법, 형법, 대중소기업상생법, 하도급거래공정화법 등의 여러 규정을 통해 기술상 정보와 아이디어를 보호하는 데 비교적 촘촘한 법제를 구비하고 있고 그 집행 또한 국제 수준으로 강화되어 가는 추세로 파악된다.

그 반면 북한의 경우 영업비밀보호를 위한 부정경쟁방지법이 없는 등 영업비밀과 아이디어 자체를 보호하는 법제는 충분치 않은 것으로 보인다. 따라서 특허권으로 등록받아 놓거나 기업 스스로 영업비밀관리와 보호를 위한 여러 기술상 조치와 법적인 장치를 강구할 필요가 있을 것으로 보인다.

독일과 유럽연합의 경험을 통한 남북한 간 지식재산권 통합모델로서 상호 확장(mutual extention) 모델, 상호 인정(mutual recognition), 통일화(harmonization) 모델은 무엇인가?

북한 내 남한은 물론 외국 기업의 지식재산권 보호가 내국민과 동등하게 처리될 것인지, 정치적·정책적 편향에 따라 예측 가능성이 충분히 확보되지 않을 것인지 의문이 있으므로 이 부분에 대한 구제책 내지 방안을 마련해달라는 기업 실무자의 희망이 있을 수 있다.[41]

이와 관련하여 타이완과 홍콩, 마카오와 교류해온 중국의 경험을 참조로, 중국과 타이완이 체결했던 '지식산권보호협의'처럼 남북 간에 '남북한지식재산권보호협정'을 체결하는 방식으로 최우선적으로 고려해야 한다는 견해가 있다.[42]

또한 독일과 유럽연합의 지식재산권제도 통합 경험을 참조하여 우선은 상호 인정 후 통일화하는 단계적 접근을 주장하는 견해가 있다.[43]

다양한 시각과 여러 층위의 접근 방법이 있을 수 있지만, 남한은 물론 외국 투자국들은 북한과의 협의 시 지식재산권 보호를 필수적인 의제로 상정하고, 규정과 집행의 양 측면에서 투자 리스크를 제거하고 투자를 장려하는 환경을 조성해놓지 않으면 안 된다는 점은 분명한 것으로 보인다.

---

41 이진수, 「기업에서 바라본 남북경협의 기대와 우려」, 남북한 지식재산권제도 교류협력을 위한 심포지엄 자료.
42 소준섭, 위 심포지엄 발표자료.
43 이승룡, 위 심포지엄 발표자료.

6

대북 투자 리스크 관리

한수연 율촌 변호사

불가피한 리스크

국내투자를 확대할 것인가, 축소할 것인가 하는 문제 하나만 하더라도 기업들은 수많은 고민을 하게 된다. 하물며 해외투자를 함에 있어서는 그 나라의 법제뿐만 아니라 정치적 상황, 우리나라와의 관계, 세계 정세 등 더 많은 상황을 고려할 수밖에 없어 그 고민은 깊어지게 된다(사드 보복이나 이란 제재 등).

이렇게 쉽지 않은 해외투자 중 대북 투자는 그래도 한때 손쉬운 편에 속했었다. 북한과의 군사적 대치는 이어지고 있지만, 같은 언어를 쓰는 동포라는 관념과 통일을 향한 우리 정부의 노력 등에 비추어 극단적인 조치들은 취해지지 않을 것으로 예상했던 것이다.

그러나 이른바 5·24 조치와 같은 전면적 대북 사업의 중단이 실제로 발생한 이상 대북 투자 리스크로서 전면적 사업 중단은 그 무엇보다 중대한 이슈다. 그럼에도 한도와 비율의 제한이 있는 남북경협보험 등을 제외하고는 위와 같은 리스크에 대비할 뾰족한 수가 없는 것도 사실이다.

하지만 아무런 잘못 없는 우리나라 기업들이 모든 손해를 부담하는 것이 법이 말하는 정의는 아닐 것이다. 무엇인가 우리가 놓치고 있는 방법이 있었던 것은 아닐까? 대북 투자에 다시 훈풍이 불기 시작하는 요즘, 종전과 같은 실수를 반복하지 않도록 여러 사례를 통해 그 길을 한번 찾아보고자 한다.

사례 1 우리 정부에 어떠한 책임을 물을 수는 없을까?

사안의 개요

A사는 북한 내 개성공업지구에서 부동산개발 사업을 하기 위해 한국토지공사(현 한국토지주택공사)로부터 공업지구 일부 토지에 대한 토지이용권을 분양받고, 2008년경 건물 신축에 관한 건축허가를 받았다.

그런데 통일부가 2010년 5월 24일 우리 기업의 개성공단 신규 진출과 투자 확대를 불허하는 조치, 이른바 5·24 조치를 함에 따라 더 이상 개성공업지구 내 부동산개발 사업을 진행하지 못하게 됐다.

이에 A사는 대한민국을 상대로 ① 5·24 조치는 '개성공업지구 지원에 관한 법률' 제3조 제2항의 "정부는 개성공업지구의 개발과 기업의 경영 활동이 경제 원리와 기업의 자율성을 바탕으로 일관되게 추진될 수 있도록 여건을 조성하고 이를 지원하기 위하여 노력한다"는 규정을 위반하고, 오랜 기간 동안 개성공단 투자에 관한 정부의 일련의 조치를 통해 형성된 신뢰에 반하여 신뢰보호원칙에도 위배되는 등 고의 또는 과실에 의한 위법한 행정행위에 해당한다. 따라서 대한민국은 A사에게 국가배상법에 의한 손해배상책임을 부담해야 하고, ② 설령 5·24 조치가 적법하다고 하더라도 사업 중단으로 인한 A사의 손해는 헌법 제23조 제1항이 정한 공공필요에 의한 재산권의 제한에 따른 특별희생이고, 별도의 보상규정이 존재하지 않는다고 하더라도 헌법 제23조 제3항, 제11조 제1항에 의해 직접 대한민국에 손실보상청구권을 행사할 수 있으므로 대한민국은 5·24 조치로 인해 A사가 입은 손실을 보상해야 한다고 주장하며, 서울중앙지방법원에 민사소송을 제기했다.

판결의 요지

법원은 1, 2, 3심 모두 A사의 청구를 받아들이지 않았는데, 특히 대법원은 ① 5·24 조치가 위법하다는 주장(손해배상청구)에 대해 정부가 천안함 사태에 대응하여 5·24 조치를 취한 것을 공무원의 직무상 법적 의무를 위반한 위법행위로 보기 어렵다고 판단했고, ② 5·24 조치가 적법하더라도 A사에게 헌법상 손실보상청구권 등이 발생한다는 주장(손실보상청구)에 대해 A사가 5·24 조치 후 토지이용권을 사용·수익하지 못하고 있으나, 이를 공공필요에 의한 특별한 희생으로 볼 수 없고, 설령 이를 특별한 희생으로 보더라도 보상에 관한 근거 법률이 없는 이상 헌법 제23조 제3항에 의하여 직접손실보상청구권이 발생하지 아니하며, 남북교류협력에 관한 법률 제26조 제3항 제10호, 같은 법 시행령 제41조 제3항 제8호에 의하여 준용되는 식물방역법상의 손실보상에 관한 규정을 유추적용하여 손실보상청구권을 인정할 수도 없다고 판단했다(대법원 2015. 6. 24. 선고 2013다205389 판결).

의미

위와 같이 현재 판례상으로는 우리 국민이 북한으로 인해 입은 피해 중 간접적인 형태, 즉 북한의 불법행위에 대해 우리 정부가 대응을 함에 따라 우리 국민이 피해를 입은 경우 우리 정부를 상대로 손해배상청구나 손실보상청구를 할 수 없는 것으로 보인다.

내용적으로도 우리 정부로서는 천안함 사태와 같은 북한의 불법적인 행태에 대해서는 대응을 할 수밖에 없고, 경우에 따라서는 남북 교역이나 남북경협의 중단이라는 극단적인 대응을 할 수밖에 없는 상황이 있을 수 있으므로 이런 경우까지 국가가 위법한 행위를 했다고 보기는 어렵고, 일관된 판례상 특별법이 없는 경우 손실보상청구가 인정되기도 쉽지 않다.

결국 이런 경우는 위법한 행위를 한 북한을 직접 상대로 소송(이른바 '대북한 손해배상 소송')을 할 수 있는지 여부만이 남아 있는 것이다. 다만 현재까지 국내에서 북한을 상대로 직접적인 손해배상 소송을 한 예는 찾아보기 어려우므로 외국 사례, 특히 일련의 미국 사례를 통해 그 가능성을 살펴보고자 한다.

사안의 개요[44]

① 일본 적군파 대원들이 1972년 5월 30일 이스라엘 텔 아비브 공항에서 승객들에게 테러를 가한 사건에서 피해자들은 북한이 일본 적군파 대원들의 위 테러를 지원했다는 이유로 푸에르토리코 법원에 그 손해를 배상하라는 취지로 소송을 제기했다(이하 '적군파 사건').[45]

② 이슬람 무장단체 헤즈볼라(Hezbollah)는 2006년 이스라엘에 테러를 가했는데, 해당 사건의 피해자들은 북한이 헤즈볼라를 지원했다는 이유로 워싱턴DC 법원에 그 손해를 배상하라는 취지로 소송을 제기했다(이하 '헤즈볼라 사건').[46]

③ 미국 국적의 김동식 목사가 북한에 납치되어 사망했는데, 김동식 목사의 유족들은 북한이 2000년 1월 김동식 목사를 납치하여 고문 끝에 사망에 이르게 했다는 이유로 워싱턴DC 법원에 그 손해

---

44 아래 소송은 모두 이스라엘의 슈랏 하딘(Shurat HaDin)이라는 단체에 의해 주도된 것으로, 슈랏 하딘은 이스라엘 변호사인 니트사나 다르샨-라이트너(Nitsana Darshan-Leitner)에 의해 세워진 비영리단체로 주로 이스라엘을 대상으로 한 테러리즘에 대항하여 법적 방식으로 대응하는 활동을 하고 있다. 아래 소개된 판결 및 슈랏 하딘에 대한 설명과 관련 자료는 슈랏 하딘 공식 홈페이지, http://israellawcenter.org/ (검색일: 2018. 9. 3.)

45 http://blog.daum.net/_blog/BlogTypeView.do?blogid=0GdEm&articleno=977&categoryId=572&regdt=20170228205223

46 http://www.yonhapnews.co.kr/international/2014/07/24/0619000000AKR20140724021200071. HTML

를 배상하라는 취지로 소송을 제기했다(이하 '김동식 목사 사건').**47**

판결의 요지

① 적군파 사건에서 미국 푸에르토리코 법원은 북한이 일본 적군파 대원들을 지원하여 이들이 승객들을 살해하고, 상해를 입힌 점 등을 인정하여 2010년 7월 16일 북한이 원고들에게 3억 7,800만 달러의 배상을 하도록 명했다[Calderon‒Cardona v. Democratic People's Republic of Korea, 723 F.Supp.2d 441, 484~485 (D.P.R.2010)].

② 헤즈볼라 사건에서 워싱턴DC 법원은 원고들의 주장을 인정하여 2014년 7월 23일 북한이 원고들에게 배상할 책임이 있음을 확인했다[Kaplan v. Democratic People's Republic of Korea 715 F. Supp.2d 165 (D.D.C. 2010)].

③ 김동식 목사 사건에서 항소 끝에 결국은 법원으로부터 2015년 4월 9일 북한이 위 불법행위에 대해 책임이 있어 유족에게 3억 3,000만 달러의 배상을 명하는 판결을 받았다[Han Kim v. Democratic People's Republic of Korea 87 F.Supp.3d 286 (D.D.C. 2015)].

의미

위 판결들에서 확인할 수 있는 바와 같이, 미국은 북한의 불법행

---

47 http://www.yonhapnews.co.kr/photos/1990000000.html?cid=PYH20180426138600013&from=search

위에 대해 미국의 민사재판권을 인정하면서 손해배상의 지급을 명하고 있다. 특히 적군파 사건 및 헤즈볼라 사건의 두 판결이 북한의 해외 테러 조직 지원을 근거로 손해배상 책임을 인정한 것임에 비해 김동식 목사 사건의 판결은 북한의 직접적인 행위를 근거로 정면에서 불법행위 책임을 인정한 것으로 상당한 의미를 지니는 것으로 평가할 수 있다.

사례 3 연평도 사건이 소송으로 진행됐다면 어떻게 판단되었을까?

사안의 개요

북한은 2010년 11월 23일 오후 2시 30분경 연평도를 포격했다. 이로 인해 군인뿐만 아니라 민간인도 사망했으며, 상당수의 가옥들이 파괴됐다. 이때 민간인 사망자의 유족이나 집이 파괴된 사람들이 북한을 상대로 손해배상 소송을 제기했다면 어떻게 되었을까?[48]

검토

우리 헌법상 북한은 국가는 될 수 없으나 그와 유사한 실체로서 대화와 협력의 동반자임과 동시에 반국가단체라는 이중적 지위를 가지게 된다. 그런데 현재까지 헌법재판소와 대법원의 판례는 헌법적 차원에서 북한의 지위를 분석하는 데 그치고 있고, 그 외에 민사적인 측면에서 북한의 지위에 대한 판단이나 그에 관련된 논의는 찾

---

48 http://www.ongjin.go.kr/open_content/tour/thema/security/yeonpeongdo.jsp

아보기 어렵다. 실제 북한에 대해 법적 책임을 묻는다는 것은 헌법적 책임이 아니라 형사적 또는 민사적 책임을 묻는다는 것인데, 형사적 책임에 대해서는 논의가 활성화되고 있으나, 아직까지 민사적 책임에 대해서는 본격적인 검토가 없는 것이다.

그런데 미국은 기본적으로 자신이 국가로 인정하는 나라에 대해서는 외국주권면제법에 따라 재판권을 부정하고 있는데, 앞서 살펴본 바와 같이 스스로는 국가로서 인정하고 있는 북한에 대해 위 법에 따른 주권면제를 부인하고 불법행위 책임을 인정하고 있다.

그렇다면 북한을 국가로 인정하지 않고 있는 우리의 경우라면 북한이 국가주권론에 따른 주권면제를 주장할 법리적 근거가 없을 뿐만 아니라, 북한의 불법행위에 대해 민사재판권의 면제를 인정해주어야 할 다른 논리적 근거도 없으므로 우리나라에서 민사재판권을 행사할 수 있다고 보아야 한다(세부적으로는 북한에 대한 법적인 지위 구성 등의 문제가 있을 수 있으나, 이 부분도 특별히 위와 같은 결론에 영향을 미치는 아닌 것으로 보인다).[49]

특히 뒤에 나올 '남북 사이의 상사분쟁 해결절차에 관한 합의서' (이하 '상사분쟁 해결 합의서')에서도 북한을 중재 판정의 대상으로 이미 인정한 이상, 북한을 민사소송의 대상으로 인정하지 못할 이유는 특별히 없어 보인다.

결국 연평도 피해자들이 북한을 상대로 손해배상 소송을 제기한다면 우리나라 법원으로서는 북한에 대해 손해배상금의 지급을 명

---

[49] 자세한 내용은 필자의 「대북한 손해배상 채권의 구제 방안 연구」(2017) 참조.

할 수 있다고 보아야 한다.

사례4 A사가 북한을 상대로 손해배상 소송을 제기했다면 어떠한 결과가 나왔을까?

사안의 개요

앞서 본 사례 1에서 A사는 북한 내 개성공업지구에서 부동산개발 사업을 하기 위해 개성공업지구 일부 토지에 대한 토지이용권을 분양받고, 2008년경 건물 신축에 관한 건축허가를 받았다가 5·24 조치로 인해 이를 진행하지 못했고, 대한민국을 상대로 손해배상 등 소송을 제기했다가 패소했다.

만약 A사가 북한을 상대로 손해배상 등 소송을 제기했다면 어떻게 되었을까?

검토

① 남북 상사중재 절차의 존재

우리나라는 대북 투자와 관련하여 북한과 사이에 이른바 '4대 경협합의서'라는 것을 작성했다. 여기에는 '투자보장 합의서', '상사분쟁 해결 합의서', '이중과세 방지 합의서' 및 '청산결제 합의서'가 있어서 대북 투자와 관련된 기본적인 사항들에 대해서는 이를 따르도록 하고 있다.

이 중 '투자보장 합의서'에 따르면, 우리나라 국민이 북한에 투자를 한 후 북한과 사이에 발생되는 분쟁은 협의의 방법으로 해결하되,

협의로 해결되지 않을 경우에는 남북 상사중재위원회의 중재로 분쟁을 해결하도록 하면서 '상사분쟁 해결 합의서'에서는 위 '남북 상사중재위원회'의 구성 등에 대해 자세히 규정하고 있다.

따라서 우리나라 국민이 북한에 투자한 후 북한과 사이에 문제가 발생하는 경우에는 일단 '투자보장 합의서' 및 '상사분쟁 해결 합의서'에 따라 남북 상사중재 절차를 거쳐야 하므로 A사의 경우에도 소를 제기하기에 앞서 우선 남북 상사중재를 신청해야 한다.

② 남북 상사중재 절차 진행이 어려울 경우의 방안

안타깝게도 현재까지 단 한 번도 중재 절차가 개시된 예는 없는 것으로 보이지만, 현재와 같이 남북 화해 무드가 지속될 경우 남북 상사중재 절차도 조금씩 활성화될 것으로 예상된다.

다만 5·24 조치와 같이 전면적인 남북경협 사업의 중단이 발생하는 경우에는 남북 상사중재 절차의 진행이 쉽지 않을 가능성이 있으므로 이런 경우에는 결국 중재절차의 불능을 전제로, 앞서 살펴본 바와 같이 우리나라 법원에 북한에 대한 민사상 손해배상 청구를 하는 방안을 고민해볼 수밖에 없겠다.

그리고 이런 경우에라면 앞서 살펴본 바와 같이, 우리나라 법원에서 북한에 대한 손해배상금 지급을 명하는 판결을 할 수 있다고 보아야 한다.

사례 5 그런데 북한에 대한 판결이 있다고 하더라도 이를 가지고
실제 집행을 할 수 있을까?

사안의 개요

만약 연평도 주민이나 A사가 우리나라 법원으로부터 북한에 대한 손해배상금 지급 판결이나, 남북 상사중재 절차에서 중재판정문을 받았다고 하더라도 과연 이를 가지고 북한을 상대로 강제집행을 할 수 있는가가 문제될 수 있다.

일반인을 상대로 하더라도 강제집행은 경우에 따라서는 상당히 긴 시간을 요하기도 하고, 강제집행을 할 자산이 없는 경우들도 있는데 북한을 상대로, 특히 관계가 악화돼 있는 상황이라면 그러한 상황에서의 북한을 상대로 강제집행을 한다는 것이 가능하고 또 실효성이 있는 것일까?

외국의 사례

과연 북한을 상대로 한 판결문을 가지고 실제로 집행을 하고 있는 예가 있는지 미국의 사례를 기사(북한 압류 재산 관련 내용은 기밀사항으로 공식적으로 확인하기는 어려운 면이 있다)를 통해 살펴보자.

① 적군파 사건에서 북한을 상대로 미국 연방법원에서 3억 7,800만 달러의 손해배상금 판결을 받아낸 피해자들이 미국 정부가 동결한 북한 자산 압류를 추진하고 있는데, 뉴욕 남부지방법원은 2014년 6월 30일 미 재무부 산하 해외자산통제국(OFAC)에 일본 적

군파 테러 사건 손해배상 소송에서 승소한 12명의 피해자들에게 북한 소유로 보고된 자산 내역을 공개하도록 명령했다.[50]

② 김동식 목사 사건에서 북한을 상대로 3억 3,000만 달러의 손해배상금 판결을 받아낸 피해자들이 멕시코 법원에 정박 중인 북한 선박 무두봉호를 압류하기 위해 절차를 진행한 바 있다.[51]

③ 유럽과 미주의 60여 개 은행·금융기관이 25년 전 북한 조선무역은행이 부도를 낸 20억 달러 상당에 대해 향후 미국이 동결했거나 향후 동결할 북한 자산에 대해 채권행사를 하겠다고 하면서, 2017년 6월 16일 애리조나 지방법원에 북한 조선무역은행을 상대로 1992년 4월 프랑스 파리에서 16억 1513만 스위스 프랑과 9억 2948만 마르크 배상결정을 받은 국제상공회의소(ICC) 중재를 미국에서 현지 집행하겠다고 신청했다.[52]

④ 아르헨티나 정부는 지난 2001년 1,000억 달러의 대외부채에 대해 디폴트를 선언하면서 그 당시 국제채권단과 채무조정에 합의했지만, 채권 일부를 사들인 헤지펀드들이 원리금반환 소송을 제기했고, 10여 년의 법정공방 끝에 헤지펀드들은 2012년 미국 뉴욕 지방법원으로부터 전액 승소 판결을 받았으며, 아르헨티나 정부와 협

---

50 2014년 7월 9일자 한국일보(http://dc.koreatimes.com/article/20140708/863112).
51 2015년 8월 5일자 연합뉴스(http://www.yonhapnews.co.kr/bulletin/2015/08/05/0200000000A KR20150805016400014.HTML).
52 2017년 6월 28일자 한국일보(http://hankookilbo.com/v/3dc7df368f964620aff7679a33a952e5).

의 과정을 거친 끝에 타결에 이르렀는데, 미국계 헤지펀드인 브레이스브릿지 캐피털의 경우 2016년 2월 28일 아르헨티나 정부와 채무 상환 합의로 투자금의 952퍼센트에 달하는 11억 달러의 수익을 거두게 됐다(이하 '아르헨티나 사건').[53]

즉 대북한 손해배상 판결이 있는 경우 미국에서는 관련 판결이 집행이 되고 있는 것으로 보이고, 해외투자자들은 지금으로부터 26년 전에 발생한 채권에 대해서도 이를 집행하기 위해 노력하고 있으며, 아르헨티나 사건에서 보듯이 당시에는 판결에서 명한 금액을 갚을 능력이 없었다고 하더라도 국가의 형태로 존재하는 이상 언제가 관련 국가가 정상적인 상황이 되면 해당 채권은 회수가 가능한 것이다.

북한 대상 소송의 현실성을 고민할 때

현재에도 진행 중인 것처럼 남북경협이 전면적으로 중단될 경우 우리나라 투자자들은 투자자산 전체를 상실하는 엄청난 손해를 입게 된다. 남북경협보험 등을 통해 경우에 따라서는 상당 부분을 보상받을 수도 있지만 투자규모가 큰 경우에는 거액의 손실이 불가피하게 된다.

이 경우 연평도 사건처럼, 또 지난번 남북경협 중단 사태처럼 그냥 손해를 감수하면서 정부의 선처만 바라보며 기다려야 하는 것일까? 그렇지 않다면 남북 상사중재를 시도하고, 여의치 않으면 바로

---

53 2016년 3월 3일자 조선비즈(http://m.chosun.com/svc/article.html?sname=biz&contid=201603030 2667#Redyho).

대북한 손해배상청구를 해보아야 하는 것일까? 설령 판결문을 받더라도 과연 북한으로부터 실제로 변제를 받을 수 있을까?

이러한 질문들에 대한 답은 앞서 본 아르헨티나 사례와 같이 북한도 언젠가는 채권을 변제할 능력을 갖추게 되고, 또 국제사회에서 정상국가로서의 행보를 하기 위해서는 채권을 변제해야만 하는 순간이 올 수밖에 없을 것이라는 점에서 유추해볼 수 있겠다. 그 경우 그동안은 하나의 문서에 불과했던 판결문이 현실의 금전으로 변하여 돌아오게 될 수 있는 것이다.

최근 일본이 북한에 지급할 것으로 보이는 전쟁배상금이 현재 가치로 평가하면 200억 달러 규모에 달할 수도 있다는 분석이 나오고 있다. 이에 대해 실제로 일본이 북한에 전쟁배상금을 지급하려 할 경우 북한 관련 판결문이나 중재 판정문이 있는 사람들은 이 전쟁배상금을 압류할 수 있을 것이라는 견해들이 나오고 있다.

그러한 방안들이 왠지 불가능해 보이지만은 않는 것은 아마도 이제는 정말 '대북한 손해배상 청구'에 대해 한번 진지하게 고민해볼 필요가 있는 시점이 다가왔기 때문일지도 모른다.

2부

북한투자,
실제로 어떻게 이뤄졌나?

1

남북경협,
그 위대한 도전

전병득 〈매일경제〉 중소기업부장

평양을 달라지게 한 원동력

TV를 통해 본 2018년 평양의 모습은 놀랄 만큼 달라져 있었다. 하긴 나의 기억 속에 평양은 20년 전에 머물러 있으니 지금도 그대로일 것이라고 생각하는 자체가 잘못된 일이다. 평양 정상회담 취재차 평양을 방문한 남한 기자단이 보내온 화면과 기사는 평양의 엄청난 변화를 고스란히 전해줬다.

개인적으로 가장 놀라운 장면은 해가 진 후 평양 대동강변의 야경이다. 그것이 남한 방문객을 의식해서 일부러 불을 밝혀놓은 것인지, 실제 평양 경제가 나아진 것인지는 알 수 없다. 하지만 평양의 강남이라고 불리는 창전 거리에 40~50층 아파트가 즐비하고 여명 거리에 70층 아파트까지 불을 환히 밝히고 있는 모습은 나를 전혀 다른 기억의 공간으로 안내했다.

나의 평양에 대한 기억은 2000년 11월 30일과 2001년 2월 26일에 머물러 있다. 당시 평양에서 열린 두 차례 이산가족 상봉단을 동행 취재했다. 평양 순안공항에 착륙하기 전 알 수 없는 감정을 진정하고 내려다본 북한 산하는 온통 회색이었다. 숙소인 고려호텔에서 내려다본 평양 거리 풍광도 회색이었다. 해가 지면 싸늘하고 캄캄했던 평양의 밤. 평양은 그래서 나에게 회색의 도시였다.

평양은 삭막했고 이산가족 행사장 겸 숙소였던 고려호텔을 제외하고는 난방이 되는 곳이 거의 없었다. 남루한 옷으로 꽁꽁 동여맨 평양 시민들은 어두운 밤에도 자전거를 타고 다녔다. 동명왕릉 참관 일정이 있어 버스에 몸을 실었다. 평양 시내를 벗어나자마자 놀라운 장면이 펼쳐졌다. 소달구지를 볼 수 있었고, 나무를 한 짐 하고 가는 허리 굽은 노파까지 보였다. 버스 창문 밖으로 펼쳐진 모습은 우리 예전 농촌과 너무 닮아 타임머신을 타고 과거로 돌아간 듯한 착각에 빠질 정도였다.

그리고 안개. 자고 일어나면 한 치 앞을 볼 수 없는 안개가 평양 시내를 감쌌다. 안개는 이산가족 방문단 이동수단인 벤츠와 대형버스에서 내뿜는 매연과 뒤섞여 매캐한 차가움으로 몸을 더욱 움츠러들게 했다. 남포에 서해갑문을 설치하면서 평양에 짙은 안개가 상당히 자주 낀다는 얘기를 현지에서 들었다. 회색의 도시이면서 안개의 도시로 나는 평양을 기억하게 됐다.

18년이 지난 평양의 풍경은 그래서 더더욱 충격적이었다. 기자단이 보내온 대동강변 건물들의 사진을 보면 회색은 없다. 알록달록 형형색색으로 채색된 아파트들. 유선형이나 타원형으로 모두 다른 디자인으로 이뤄진 고층빌딩들의 스카이라인. 그리고 강변을 산책하는 사람들의 밝은 표정. 평천 구역 미래과학자 거리의 40~50층 주상복합 고층건물들이 빽빽하고 거리에서 자연스럽게 휴대전화(손전화)로 통화하는 모습도 화면에 잡혔다. 폭염 속에 양산을 든 여성들과 휴대용 선풍기, 이른바 '손풍기'도 눈에 띄었다.

물론 사진과 화면이 그 사회의 모든 걸 말해줄 수는 없을 것이다. 하지만 분명한 것은 평양 사회에 변화의 바람이 불고 있다는 것이다. 18년 전 그 경직된 분위기 속에서 가족끼리도 서로 말 한마디 조심스러웠던 그때와는 다르다. 무엇이 그들을 변화시켰을까. 거기에는 아마도 전 재산과 목숨을 걸고 남북경협에 도전했던 위대한 기업가들의 개척정신이 큰 일조를 했을 것이라고 나는 단언한다.

동포애를 앞세웠던 남북경협 1세대

전쟁 위기까지 치달았던 남북관계가 해빙이 되면서 중소기업인들 모임에서 화제는 단연 북한이 됐다. 새로운 비즈니스 기회를 잡을 수 있을지 조심스런 접근을 하기도 하고 구체적으로 어떻게 진출할지 진지한 질문을 해 오는 사업가도 있다. 쓰라린 아픔을 겪었던 개성공단 입주기업은 다시 북한 진출을 꿈꾸게 됐고 남북경협 관련 기업 주가는 상한가를 치는 등 온통 기대에 들떠 있다.

20년 전에도 그랬다. 1998년 금강산 관광길이 열리고 2000년 남북정상회담이 평양에서 열릴 때도 지금처럼 남북한 형제기업이 북한의 미지의 땅을 함께 개발하는 꿈을 꾸었다. 당시에는 북한 특사단이 포항, 경주, 제주도도 오가던 시절이었다. 그때는 진짜 몇 년 뒤면 통일이 될 수 있겠다는 희망의 시절이었다.

2000년 평양 순안공항 활주로에서 김대중-김정일 두 정상의 깜짝 첫 만남 이후 제법 많은 기자들이 평양 땅을 밟았다. 당시 이산가족 상봉단과 함께 평양 현지 취재를 다녀온 뒤에도 나는 대북 사업을 하는 많은 기업인을 만나 취재했다. 평양에서 혈육을 만났던 할머니·할아버지는 그때도 고령이었으니 지금은 아마 거의 돌아가셨을 것이다. 죽기 전에 한 번만 보고 싶다던 소원은 이뤄졌지만 상봉 이후 더 사무치는 그리움에 차마 눈을 감지 못하셨으리라. 그때 취재했던 대북 사업가들도 20년 세월 속에 대부분 잊혔다. 당시 중년이었던 태창의 이주영 사장은 그나마 나의 기억 속에 희미하게 남은 사업가 중 한 명이다.

의류회사 태창은 김우중 회장의 대우에 이어 두 번째로 남북 당국 승인을 받아 북한에서 사업을 한 남한 기업이었다. 이 사장은 아버지로부터 물려받은 의류회사를 반석에 올려놓은 유망한 사업가였다. 그런 그가 북한에서 한 사업은 속옷이 아니라 놀랍게도 금강산 샘물이었다. 태창이 유명해진 것은 금강산 관광이 시작되면서부터다. 많은 관광객이 북한 장전항에서 버스를 타고 온정리를 지나다 금강산 샘물공장을 목격하고는 어떻게 이런 곳에 남한 공장이 있는지 굉장히 놀라워했다. 온정리 샘물공장은 이 사장이 전 재산을 걸고 12년이 넘는 세월의 끝에 세운 남북 합작 공장이다.

그를 만난 건 남북경협 기대감이 폭발하던 2000년 어느 봄이었다. 태창은 이미 대북 사업에 올인했다가 1998년 5월 외환위기로 쓰러졌다. 하지만 그는 여전히 금강산 샘물사업을 하고 있었다. "민족의 영산 금강산 샘물사업은 누군가 해야 합니다. 대북 사업에서 돈만 벌려다간 안 됩니다. 민족 공동 이익이 우선이지요." 그가 인터뷰에서 한 말은 지금 생각해봐도 왠지 가슴이 짠하다.

그는 중국과 수교도 되지 않았던 1987년 옌볜과 만주 지역을 여행하며 '한국말'을 하는 조선족과 한글 간판을 보고 문화적 충격을 받았다고 말했다. 중국에 이토록 많은 같은 민족이 살고 있다는 사실 자체에 놀랐다. 민족을 위해 뭔가 해야겠다는 결심에 여러 사업 계획을 검토하다 뛰어든 사업이 금강산 샘물 개발이다.

먼저 북한에 선을 대기 위해 옌볜 과기대에 장학사업을 벌이는 등 다방면으로 뛰었다. 겨우 사업 파트너로 용성맥주로 유명한 조선 릉라888무역총회사와 손을 잡았다. 하지만 아무도 남북 합작사업을 해본 경험이 없던 터라 조선 릉라888무역회사도 어떻게 해야 하는지 몰랐고 그도 맨땅에서 모든 걸 배워가면서 시작했다. 그는 본업인 샘물 개발보다 전신주를 박아 전기를 끌어들이고 도로를 내는 일부터 했다. 심지어 나사, 못까지 남한에서 가져다가 공사를 했다고 말했다. 샘물 운송을 위해 나중엔 철도 복원 보수공사도 직접 했다. 배관공사 등 제반시설을 갖추는 데만도 상당한 세월이 흘렀다.

그사이 외환위기로 인해 회사가 쓰러지는 아픔을 겪었다. 고생이 결실을 맺은 2000년 3월 1일. 눈물의 샘물공장 준공식이 치러졌다. 금강산 샘물공장은 남한 자재와 기술로 북한에 지은 첫 번째 공장이다. 공장은 힘차게 돌아갔지만 남쪽에 금강산 샘물이 도착하기까지는 다시 넉 달의 시간을 더 보내야만 했다. 북측의 샘물 출시를 위한 인허가 지연으로 그해 7월이 돼서야 배편으로 남측에 들여온 것이다. 그러나 샘물 값보다 해상운송비가 갑절은 더 비쌌다. 수익성은 계속 악화됐고 그마저도 2010년 5·4 조치로 반입이 금지되면서 금강산 샘물은 결국 우리 기억 속에서 잊혔다. 그때 패기만만했던 이 사장과 온정리 샘물공장도 함께.

이 사장은 인터뷰에서 여러 가지 얘기를 들려줬다. 대북 사업은 우리 민족의 문제라는 동포애적 시각으로 북측을 바라봐야 성과를 거둘 수 있다는 것. 북측과 사업을 하면서 당장의 이익을 사업과 연관시키지 말아야 한다고 말하기도 했다. 돈을 벌 심산으로 남북경협에 뛰어든다면 실패는 불 보듯 뻔하다고 단언했다. 그래서 이 사장은 대북 사업가는 다소 이상적이어야 한다고 말했다. 단기적 이익보다는 남북 경제 공동체 형성에 기여하고 싶은 큰 의식을 갖고 있다면 이익은 나중에 자연스럽게 따라오게 될 것이라는 것이다.

이렇게 스스로 이상주의자로 말하던 이 사장은 자신의 말대로 돈보다 동포애를 우선하며 대북 사업을 펼쳤다. 고 정주영 현대그룹 명예회장도 마찬가지다. 돈보다는 민족적 감성을 앞세우고 동포애로 리스크를 감수했다. 그래서 기업이 흔들려도 그들은 멈추지 않았던 것이다. 남북경협의 그 위대한 도전의 첫 장을 열어젖힌 1세대는 바로 동포애로 뭉친 자발적인 세대였다.

남북경협 새로운 2세대 모델, 개성공단

세월이 흘러 개성공단에 입주한 업체들은 조금 달랐다. 그들은 한계에 봉착한 사업을 북한의 값싼 노동력에서 돌파구를 찾으려 했다. 북한 노동인력은 말이 통하고 솜씨가 좋은 데다 인건비마저 쌌다. 이렇게 기존 1세대와는 다른 배경과 목적을 갖고 있으니 남북경협 2세대로 구분 지을 수 있을 것이다.

개성공단에 입주한 기업은 모두 124곳이다. 개성공단은 2000년 8월 현대아산과 북한이 합의서를 채택하면서 시작됐다. 2003년 6월 30일 역사적인 개성공단 기공식이 있었다. 한때 북한 근로자 5만 명이 일했고 2015년에는 생산액이 5억 달러를 넘었다. 저렴한 임금, 언어 동질성, 육로 수송은 노동집약 산업에 최적의 환경이었다. 그래서 공단 입주기업 중 73곳이 봉제 · 섬유 업체였다. 이 중 49개사는 아예 개성공단에서 제품 전량을 생산했다.

그러나 남북경협의 새로운 모델이었던 개성공단의 마지막은 그야말로 허탈함 그 자체였다. 2016년 2월 10일은 설 연휴 마지막 날이었다. 입주기업들은 그날 오후 5시 날벼락 같은 통보를 받았다. 다음 날까지 개성공단에서 짐 싸고 나오라는 것이다. 자재와 제품을 챙겨 갖고 나올 며칠만 더 달라는 요구는 묵살됐다. 오히려 1사 1인 1차량으로 통행이 제한됐다. 차에 짐 실어줄 사람도 없이 원부자재, 기재장비, 완제품 모두 두고 몸만 빠져나왔다. 북한의 핵실험에 이은 미사일 시험 발사 도발이 이어지자 전격적으로 내놓은 정부의 승부수. 그리고 '개성공단 임금이 핵 자금으로 전용됐다'는 것이 정부의 폐쇄 이유였다.

이들은 하루아침에 공장과 전 재산을 잃었다. 개성공단 폐쇄로 인한 전체 추정 손실은 협력업체까지 합치면 약 1조 5,000억 원에 달한다. 124개 중소기업과 한국 근로자 800명, 3,000개 협력업체 근로자 6만 명이 피해를 입었다. 협력사 중 일부는 문을 닫거나 소송에 휘말렸다. 그 후로 2년간 입주기업들은 '북한 핵 자금 지원'이라는 사회적 편견과 싸웠다. 그러면서도 잊히는 것이 가장 두려웠다. 계속 모여 세미나를 열고 호소하고 정부에 방북 신청을 했다. 공장의 기계는 얼마나 녹슬었는지, 속은 매일매일 시꺼멓게 타 들어가고 있다.

남북경협을 탄생시킨 정주영의 기업가정신

그날 TV에서 개성공단 중소기업인들이 자동차에 짐 보따리를 꽁꽁 매단 채 철수하는 장면을 보고 20년 전 취재했던 고 정주영 현대그룹 명예회장의 소떼 방북이 떠올랐다. 개성공단은 바로 정 회장의 소떼 방북으로 태동한 '작품'이었기 때문이다. 또 그 자체로 세계사에 길이 남을 빅 이벤트였다.

1998년 6월 서산농장에서 키운 통일소 500마리가 트럭 50대에 실려 군사분계선을 넘었다. 정주영 회장은 걸어서 넘었다. 아버지가 소를 판 돈 70원을 가지고 집을 나온 17세 정주영. 쌀집 배달원부터 시작해 자동차, 조선, 건설업에서 세계적인 기업가가 됐고 여든이 넘어 빚을 갚겠다며 소떼를 끌고 분단의 벽을 넘는 이 영화 같은 장면은 CNN도 생중계했다. 프랑스의 문명비평가 기 소르망은 "20세기 마지막 전위예술"이라고 칭송했다. 그해 10월 다시 501마리의 통일소가 북으로 보내졌다. 정 회장은 평소 "나는 무서울 게 하나도 없지만 전쟁만큼은 무섭다"고 말했다.

정 회장은 어느 남북 지도자도 해내지 못한 남북경협 새 시대를 열었다. 두 차례에 걸친 1001마리 소떼 방북의 결실이 바로 금강산 관광이고 개성공단이다. 개성공단은 1999년 10월 정주영 현대 명예 회장이 김정일 국방위원장을 만나 공단 설립에 합의한 것이 첫 출발이다. 이후 2000년 8월 정몽헌 현대 회장이 개성공단 건립을 이끌어 냈다.

북한 리스크를 뛰어넘은 정 명예회장과 개성공단 중소기업인들은 엘론 머스크의 화성 프로젝트와도 견줄 위대한 기업가정신을 보여줬다고 생각한다. 기업가정신이라는 새로운 도전이 남북경협 시대로 확장된 사례이다. 개성공단 어느 구석 하나하나 중소기업인들의 피와 땀이 안 배인 곳이 없다. 위대한 기업가정신이 모여 작은 통일을 이뤘던 곳이 개성공단이다.

하지만 개성공단 폐쇄는 그들의 위대한 도전과 20년간 지속됐던 남북경협 시대를 허망하게 돌려놓았다. 개성공단 폐쇄로 통일의 전진기지는 해체됐고, 남북 주민 이질감 해소 공간이 없어졌으며 남북 충돌의 완충지대도 사라졌다. 개성공단이 닫히면 중소기업 성장의 기회도 사라지고 평화와 안보 모두 닫힌다. 그래서 우리는 개성공단에 다시 봄이 오길 간절히 기대하는 것이다.

입주기업들은 희망의 끈을 놓지 않고 있다. 이번 한반도 평화의 봄에 개성공단 재개 희망을 품고 있다. 그들도 UN 제재 완화·해제와 미국의 승인 없이는 공단이 재개될 수 없다는 것을 잘 알고 있다. 개성공단이 재개된다면 그 의미는 중소기업의 활로를 뚫는 것에 그치지 않는다. 남북경협은 한반도 항구적 평화의 핵심이기 때문이다.

남북경협 결정적 한 판, 세 번째 도전

개성공단을 첫 단추로 남북경협이 다시 돌파구를 찾는다면 그 모습은 어떻게 될까. 2013년 국가정보원이 절대 공개해서는 안 될, 그러면서 정치적 목적으로 어처구니없이 공개한 2007년 10월 노무현 대통령과 김정일 국방위원장의 남북정상회담 녹취록을 보면 우리가 몰랐던 남북경협에 대한 두 가지 놀라운 사실이 적시돼 있다.

첫째는 김 위원장이 남북 합작공단으로 개성보다 먼저 해주를 부지로 제안했다는 것이다. 정몽헌 회장이 전력 공급을 받기 쉬운 개성을 고집하는 바람에 개성공단으로 결정됐다는 대화가 나온다. 노 대통령마저 "나는 거꾸로 생각했다"고 놀라는 대목이다. 또 하나는 노 대통령이 김 위원장이 제안한 해주 특구에 조선산업 부품 클러스터를 만들고자 했다는 내용이다. 노 대통령은 경쟁력을 잃어가는 조선산업을 남북경협을 통해 다시 부활시키는 프로젝트를 추진했던 것이다.

결국 개성공단의 첫 단추가 풀리면 해주까지 공단이 열리고 해주항은 국제항구로 육성된다. 인천-개성-해주로 연결되는 '황금의 평화 삼각지대'에 조선산업 부활을 위한 거대한 특구를 만들기로 이미 남북 정상 간 합의를 마친 셈이다.

남북경협은 1세대와 2세대가 지나고 이제 세 번째 도전에 나서고 있다. 흔한 말로 삼세판인 셈이다. 삼세판은 승패가 결정되는 마지막 판이다. 우리는 앞선 세대의 남북경협 두 번의 실패 속에 성공의 교훈을 얻어야 한다. 1세대처럼 민족적 감정이 앞서도 안 되고 2세대처럼 정치적 리스크를 얕봐도 안 된다. 앞으로 펼쳐질 남북경협은 이전과는 전혀 다른 판이 펼쳐질 것이기 때문이다.

그 모습에 대한 힌트는 두 가지 장면에 담겨 있다. 첫 번째는 2018년 4월 27일 판문점에서 문재인 대통령이 김정은 위원장에게 USB를 건네는 장면이다. USB에는 한반도 신경제지도 구상을 담은 PT(프레젠테이션) 영상이 담겼다. 문 대통령은 북한의 비핵화가 이뤄지고 한반도에 평화체제가 구축되면 북한에 대한 대규모 투자를 통해 남북 경제가 공동 번영할 수 있도록 북한 경제의 발전을 돕겠다는 뜻을 전달하고자 한 것으로 보인다.

두 번째는 폼페이오 미국 국무장관이 "북한이 핵 프로그램을 완전히 폐기하면 미국 민간투자가 허용될 것"이라고 말한 대목이다. 유추해보면 북한 인프라스트럭처 개발에 국제사회가 참여할 것이고 경협은 남북 양자가 아니라 다자가 참여하는 공간이 된다. 중국의 일대일로 정책과 러시아의 신동방정책과 연계될 것이다. 그사이 우리 중소기업들에게도 수많은 사업 기회가 쏟아질 것이다.

이번 세 번째 도전은 다른 방향으로 접근해야 한다. 남한의 자본과 북한의 노동력 결합이라는 낡은 틀에서 벗어나야 한다. 북한은 경제개발에서 '단번 도약'을 주창한 지 오래됐다. 평양을 첨단과학도시로, 대동강 쑥섬을 실리콘밸리로 만들겠다는 북한이다. 2015년 건설된 미래과학자 거리는 북한의 과학자 중시 정책의 상징이다. 레지던스 은하 타워, 미래과학자 거리 트윈 타워 등이 잇따라 완공되어 하나의 타운을 형성하고 있고 '북한판 판교'로 불리고 있다. 북한의 해킹 기술은 세계 최고이며 애니메이션, 콘텐츠 제작기술도 세계에서 유명하다. 이런 측면에서 북한은 훌륭한 4차 산업혁명의 테스

트베드이다. 평양 외에 변변한 도시도 없는 북한은 4차 산업혁명의 모든 기술을 구현할 수 있는 '이데아 시티' 도시개발 전략을 실험할 최적지다. 남북경협 세 번째 판은 금강산 샘물사업 정도로는 안 되는 것이다.

결코 되돌릴 수 없는 다국적 경제 공동체 만들어야

이제 개성공단은 단순한 재개 차원이 아니라 고도화·첨단화가 필요하다. 개성공단은 일자리 창출, 중소기업 성장, 국가 신인도 상승, 통일비용 절감 등 엄청난 장점이 있다. 공단에 외국 기업은 물론 미국 기업까지 유치해야 한다. 그러면 미국은 북한에 진출한 미국 기업을 보호하기 위한 개성관계법을 제정할 수 있을 것이다.

이참에 남북한 간 경제협력을 위한 법과 제도도 정비해야 한다. 북한 노동자 임금인상 문제, 임금지급 방식, 원산지 문제(메이드 인 코리아) 등을 해결하기 위한 국제협력 회의가 계속 열려야 한다. 북한이 추진하고 있는 20여 개 경제특구와 개발구에 대한 구체적인 발전계획도 함께 세워야 한다. 정부가 계획하고 있는 한반도 신경제구상은 '하나의 시장' 형성과 '3대 경협 벨트'를 세우는 것이다. 원산 인근의 에너지·자원 벨트, 수도권과 평양에는 교통·물류산업 벨트, 비무장지대에는 환경·관광 벨트를 구축하는 게 골자다.

남북경협을 통해 남북이 서로 경제 동맹체로 얽히게 되는 것이 한반도 항구적 평화 정착의 핵심이다. 경제적 공동체라고 하면 한쪽 없이는 살아갈 수 없다는 것을 의미한다. 개성공단을 발판으로 북한의 남북합작 공단을 통해 남북은 경제 공동체 모습을 갖춰나가야 한다. 정치가 경협을 중단시켰지만 이제는 경협이 정치를 되돌릴 수 없도록 이중 삼중 관건장치를 채워야 한다. 남북경협은 남북관계만으로는 부족하다. 미국, 중국, 러시아, 일본이 함께 동참해 서로 이익을 볼 수 있도록 설계해야 평화와 번영의 길이 한꺼번에 열린다.

김병연 서울대학교 경제학부 교수는 유럽 통합의 시발점이 됐던 '유럽 석탄·철강 공동체'가 그랬던 것처럼 '전쟁을 생각조차 할 수 없을 뿐만 아니라 물리적으로 불가능하게 만드는' 국제특구를 만들어야 한다고 주장한다. 프랑스 외무장관 로베르 쉬망이 '유럽 석탄·철강 공동체'를 제안하면서 밝힌 얘기다. 유럽처럼 남북 및 동북아의 경제 통합을 이끈다면 항구적 평화가 정착될 수 있다.

20여 년간 짧은 남북경협 역사에 많은 기업이 뛰어들었지만 실패했다. 그러나 이번 세 번째 도전은 개별 기업의 실패에 그치지 않을 것이다. 한반도 항구적 평화 정착의 임무까지 주어진 위대한 도전이기 때문이다.

반드시 성공시켜야 한다는 무거운 문제의식을 갖고 법무법인 율촌의 대표적인 북한통 변호사들과 '북한투자, 법만 알면 쉽다' 세미나를 연 것이 2018년 6월 26일이다. 4·27 판문점 선언이 있은 뒤 꼭 두 달 된 시점이다. 세미나 당일 갑작스런 폭우가 쏟아졌음에도 행사장인 중소기업중앙회 강당이 꽉 차고 복도에까지 서서 듣는 진풍경이 펼쳐졌다. 남북경협에 쏟아진 관심은 우리 생각을 뛰어넘는 것이었다.

이번만은 어설프게 대북 사업을 벌이지 말고 철저한 공부를 통해 도전하려는 중소기업인이 너무도 많다는 것을 알게 됐다. 한 번 강연으로 끝내지 말고 대북 사업을 꿈꾸는 많은 기업인에게 지침서를 하나 선물해야겠다는 생각에 〈매일경제〉와 율촌이 의기투합했다. 율촌 북한팀 변호사는 북한 법에 대한 기본적인 지식을 담고 〈매일경제〉 중소기업부 기자들은 대북 사업을 실제 했던 많은 중소기업인을 만나 인터뷰하고 그들의 경험담을 생생히 기록했다.

남북경협에 대한 이론과 실무가 겸비된 책을 만들고자 했으나 얼마나 많은 분의 궁금증을 풀어드렸는지는 자신이 없다. 하지만 이 책이 앞으로 우리가 어떻게든 꼭 이뤄야 할 한반도 경제 공동체 구성에 보탬이 된다면 2018년 사상 최악의 폭염이 퍼붓던 여름, 그 고된 책 작업에도 조그마한 보상이 될 것이다. 그리고 마지막으로 갈라진 한반도의 운명을 거부하고 전 재산과 때론 목숨까지 걸어가며, 남북경협 그 위대한 도전의 가시밭길에 불굴의 기업가정신을 보여준 앞선 기업인들에게 경의를 표한다.

2

'고향의 봄' 기다리는
북한이 고향인 기업인들

한반도에 해빙 무드가 본격화되면서 북녘에 고향을 둔 기업인들이 주목을 받고 있다.

1세대 북녘 출신들은 어릴 적 피난길에 올라 바닥부터 시작한 경우가 대부분이지만, 천성적인 성실함과 시장의 흐름을 읽는 탁월한 안목으로 물자가 부족하던 시절에도 차근차근 기반을 닦았다는 공통점이 있다. 특히 화장품·식료품 분야에서 일가를 이룬 경우가 많은 점도 이와 무관하지 않은 대목이다.

고향을 그리워하면서도 국내 경제발전의 한 축을 담당한 이들은 최근에는 세상을 떠났거나 경영 일선에서 물러났지만, 2·3세 기업인들이 남북한의 번영을 고대한 선친들의 유지를 받들어 북녘 땅에서도 기업가의 꿈을 펼칠 날을 기다리고 있다.

1세대 이북 출신 기업인을 거론할 때 빠지지 않는 사람은 고 정주영 현대그룹 명예회장이다.

1915년 강원도 통천군 송전면 아산리에서 가난한 농부의 아들로 태어난 정 명예회장은 지금의 초등학교 졸업이 학력의 전부이다. 6남 2녀 중 장남으로 태어난 그는 "고향에서 농사일을 하라"는 부친의 설득에도 열일곱 살 때 세 번째 가출을 감행했다. 누이를 시집보내기 위해 부친이 소를 판 돈을 훔쳐서 나올 만큼 지독한 가난에서 벗어나고자 한 그의 열망은 강했다. 그러나 한편으로는 그때의 죄책감이 1998년 소떼 501마리를 이끌고 판문점을 통해 방북을 한 이유가 되기도 했다.

2001년 별세하기 전까지 정 명예회장은 다양한 분야에서 한국 경제발전에 큰 획을 그었다. 특히 이북 고향에 대한 애착이 강해 1989년엔 한국 기업가로는 처음으로 북한을 방문해 남북 민간교류의 물꼬를 트고 금강산 관광을 비롯해 남북 영농사업, 평양체육관 건립, 남북 농구경기대회 등 남북 화해의 초석을 다졌다.

부친의 뒤를 이어 현대아산 이사회 회장으로 대북 사업을 총괄 지휘했던 고 정몽헌 전 회장은 2000년 8월 김정일 북한 국방위원장과 만나 개성공단 건설 등 합의를 이끌어냈다. 이때 북측과 체결한 7대 사회간접자본시설(SOC) 사업권은 현대그룹 대북 사업의 '최대 자산'이 됐다. 합의서에는 현대가 북한의 모든 사회간접자본 시설과 기간사업시설을 대상으로 30년간 개발·건설·설계·관리 및 운영과 이에 따른 무역 등을 할 수 있다고 명시돼 있다.

남편인 정 전 회장이 2003년 사망한 후 현대아산을 이끌게 된 현정은 회장은 대북 사업의 끈을 놓지 않고 있다. 지난 2005년 7월에는 김정일 국방위원장과의 면담을 통해 개성·백두산 관광 합의를 따내는 등 대북 사업의 정통성을 이어왔다. 그러나 남북관계가 얼어붙으면서 대북 사업이 중단되어 어려운 시기를 겪어왔으나 최근 다시 사업 재개 분위기를 띄우고 있다.

화장품업계에서는 옛적부터 명성을 떨친 '개성상인' 정신을 이어받은 이들의 족적이 크다. 선두주자로서 아모레퍼시픽그룹의 기틀을 다진 고 장원(粧源) 서성환 전 회장이 대표적이다. 서 전 회장은 1924년 황해도 평산 출생이지만, 개성과 연이 깊었던 어머니 고 윤독정 여사에게 많은 영향을 받았다.

1930년대 윤 여사가 개성에서 운영하던 '창성상점'이 오늘날 아모레퍼시픽의 토대가 됐다. 창성상점은 여성들이 머리를 쪽 지는 데 쓰던 동백기름과 구리무(크림), 가루분(백분) 등 화장품을 팔았는데, 서 회장은 장사 밑천이 되는 동백 씨앗 등 원료 조달을 도맡으며 미(美)와 장사의 기본을 익혔다. 특히 윤 여사는 제품마다 '창성당 제품'이라고 눈에 띄게 표기해 이미 그 당시부터 브랜드에 대한 중요성을 간파하고 있었다. 이후 중국으로 징용을 다녀온 서 회장은 1945년 서울 남대문시장 부근 남창동에 기존 창성상점 간판을 지금의 아모레퍼시픽의 전신인 '태평양화학공업사'로 바꿔 내걸었다.

이 같은 인연에 힘입어 아모레퍼시픽은 지난 2015년 현대아산이 개성공단에 문을 연 '현대면세점 개성 2호점'에 입점한 이력이 있다. 아모레퍼시픽 측은 당장 대북 사업에 대해 검토 중인 것은 없다는 입장이지만, 기회만 있다면 언제든 뛰어들 업체 중 하나로 꼽힌다.

이경수 코스맥스 회장도 북한 출신이다. 1946년 황해도 송화에서 태어난 이 회장은 여섯 살 때 한국전쟁이 발발하면서 경북 포항으로 피난을 내려왔다. 국내 제약사 임원 출신인 이 회장은 1992년 화장품 연구개발생산(ODM)인 코스맥스를 설립해 세계 1위 화장품 ODM사를 목표로 뛰고 있다. 전문가들은 북한 시장이 열릴 경우 국내 대표 ODM 업체인 코스맥스 등이 북한에 진출할 수 있을 것으로 예측하고 있다.

그뿐만 아니라 오늘날의 한국화장품과 잇츠한불(구 한불화장품)을 이룩한 고 송학(松鶴) 임광정 한국화장품 창업주도 북한 출신이다. 지난 1919년 황해도 개성에서 태어나 한국전쟁 시기 월남해 맨손으로 기업을 일궜다. 1961년 한국화장품, 1989년 한불화장품을 세워 서 회장과 국내 화장품산업을 이끌어왔다. 현재 한국화장품은 장남 임충헌 회장이, 잇츠한불은 삼남 임병철 회장이 이끌고 있다.

개성 출신 기업인들은 화장품 외에도 다양한 분야에서 일가를 이뤘다. 90세를 일기로 별세한 고 송암 이회림 OCI 명예회장도 개성이 고향이어서 '마지막 개성상인'으로 불렸다. 이 회장은 비단을 파는 가게의 점원으로 일하며 받은 개성상인의 도제식 경영 수업을 토대로 1937년 건복상회를 세워 사업가로서 여정을 출발했다. 이후 개풍상사 설립, 대한탄광 인수, 대한양회 설립, 서울은행 창립 등에 이어 1959년에 동양제철화학의 전신인 동양화학을 세운 뒤에는 40여 년간 오로지 화학산업에만 매진했다. 이 명예회장은 장치산업의 특성상 사업과 관련해서는 북한에 큰 관심을 갖지는 않았지만 늘 고향을 그리워했다는 후문이다.

　이외에도 한일시멘트를 창업한 고 우덕 허채경 한일시멘트 명예회장은 경기도 개풍 출신으로 '송상(松商)'이라 불리는 개성의 상업세력 후예로 알려져 있으며, 신도리코 창업주이자 무차입 경영과 정도(正道) 경영에 힘쓴 기업인으로 평가되는 고 가헌(稼軒) 우상기 회장도 개성 출신이다.

　식품업계에서도 이북 출신 기업인들의 활약이 유독 돋보인다.

　한국 제빵업계의 개척자인 고 초당(草堂) 허창성 삼립식품 명예회장은 황해도 옹진군 출신으로, 광복 직후인 1945년 10월 서울 을지로에 삼립식품의 전신인 제과점 '상미당'을 설립한 이래 60여 년간 제과·제빵 사업 외길을 걸어왔다. 허 회장은 1949년 '무연탄 가마'를 손수 개발해 당시 제빵 생산에서 가장 큰 원가부담이었던 연료비를 90퍼센트까지 절감하는 등 국내 제과·제빵 산업을 한 단계 끌어올렸다. 1970~1980년대 인기를 누렸던 '삼립호빵', '크림빵', '보름달' 등 전통 제품과 '누네띠네', '꾸시꾸쉬' 등 최근 브랜드들도 모두 허 회장의 손길을 거쳤다.

　오리온과 동양그룹 창업주인 고 이양구 회장은 함경북도 함흥 출신으로 혈혈단신 피난 와 부산에서 설탕 도매업을 하며 기반을 닦았다. 1955년 이병철 삼성 회장과 풍국제과의 배동환 씨와 함께 동양제당공업을 설립했고 1956년 풍국제과를 인수해 동양제과공업을 설립했다. 이후 시멘트, 금융업으로 사업을 넓혔다.

　한국 낙농산업의 기틀을 다졌다는 평가를 받는 고 진암(晉巖) 김복용 매일유업 회장은 북청공립농업학교를 졸업한 뒤 1946년 월남해 서울 방산시장에서 담배 좌판을 벌이면서 사업 기반을 닦았다. 김 회장은 1956년 공흥산업, 1964년 신극동제분 등을 설립하며 무역과 제분업으로 돈을 모으며 1971년 정부 투자기업 한국낙농가공을 인수해 매일유업으로 이름을 바꾸고 대표이사 사장에 오른 뒤 정부와 세계은행의 지원으로 초지를 조성하고 우수한 젖소를 도입해 낙농산업 발전에 이바지했다.

'라면의 아버지'이자 삼양식품 창업주인 고 이건(以建) 전중윤 선대회장은 이북 지역인 강원도 금화군 임남면(현재 강원도 철원) 출신이다. 전 선대회장은 북한이 자연재해로 식량 사정이 악화된 1997년과 2007년에 라면 외에도 의약품, 생수 등 긴급보호물자를 지원했다.

음식료품의 경우 경제교류 활성화 시 어떤 분야보다 즉각적인 대응이 필요한 만큼 가장 수혜를 입을 업종으로 꼽힌다.

1902년에 설립된 샘표는 창업주인 고 정재(靖齋) 박규회 선대회장과 2세인 고 박승복 회장까지 이북 출신이어서 더욱 대북 활동에 적극적이었다.

박 선대회장은 함경남도 흥남 출신으로 해방 직후인 1946년 남쪽으로 내려와 샘표식품의 전신인 '삼시장유 양조장'을 인수하며 장류 사업을 시작했다.

박 선대회장의 장남인 박 회장은 함경남도 함주에서 태어났으며, 재무부에서 공직생활을 하다가 부친이 별세하자 회사를 물려받았다. 박 회장은 1990년대 초 대한적십자사 서울지사 회장과 유니세프 한국위원회 이사를 역임했으며, 고통받는 북한 아동들을 위한 구호 활동을 전개했다. 1999년 11월에는 실향민 출신 기업인 등과 전국경제인연합회 산하 고향투자협의회를 설립했으며, 북한으로부터 정식 초청장을 받아 북한내 공단 조성 등 대북 사업계획을 만들기도 했다.

남북경협 초창기인 2000년에는 중견기업연합회 회장으로 일하면서 북한 진출을 꾀하는 업체에 도움을 주기 위한 남북경제협력특별위원회를 구성했다. 1980년대부터 평화통일자문회의 위원으로 활동했으며 이북 5도 행정자문위원, 함경남도 중앙도민회 고문 등을 맡았고 2005년에는 민주평통으로부터 공로상을 받기도 했다.

박 회장의 아들인 박진선 사장은 선친의 뜻을 이어받아 2007년에는 샘표에서 생산된 간장과 된장, 고추장 등 전통장류 200상자를 대한장류협회의 '북한 장류제품 보내기 운동'을 통해 북한에 전달했다.

박 회장과 고향투자협의회 발기인으로 이름 올린 식품업계 기업인으로는 고 함태호 오뚜기식품 회장, 고 홍두영 남양유업 명예회장이 있다.

함 명예회장은 1930년 함경남도 원산에서 태어나 경기고등학교, 연세대학교 경영대학원을 졸업했으며, 1969년 오뚜기식품공업을 설립했다. 그는 대북 지원사업 외에도 4,200명이 넘는 심장병 환자의 치료를 지원하는 등 사회공헌 활동에 앞장섰다.

홍 명예회장은 1925년 평안북도 영변에서 출생해 일본 와세다대학 불문과를 졸업했으며, 고향 영변의 숭덕여자중학교에서 잠시 교편을 잡았다. 그러나 영변에서도 손꼽히던 지주 집안인 그의 가족을 북한 정권이 가만두지 않아 1951년 1·4 후퇴 때 월남해 1964년 지금의 남양유업을 창업했다. 홍 명예회장은 지난 1999년부터 북한의 기아들을 위해 분유를 지원해왔으며 최근 2014년에도 조제분유 4종과 이유식 1종 등 총 7억 원 상당의 분유를 북한에 보냈다.

이외에도 강성모 린나이코리아 회장(함남 북청), 장치혁 전 고합 회장(평북 영변), 조창석 삼영모방공업 회장(평북 정주), 백성학 영안모자 회장(평북 철산)도 함께했다.

특히 장 전 회장은 2001년 일선에서 은퇴하기 전까지 북한 관련 사업에 깊숙하게 발을 담갔다. 2000년 남북정상회담 때는 전경련 남북경협위원장 및 이산가족기업인 자격으로 대통령을 수행하기도 했다.

이외에도 '현금왕'으로 유명했으며 한국제지, 해성산업 등 5개사를 계열사로 거느린 해성그룹을 일군 고 단사천 회장(황해도 해주), 비철금속계의 강자 고려아연을 중심으로 한 영풍그룹의 창업주인 고 장병희 회장과 고 최기호 회장은 황해 봉산 출신으로 동향이다.

제약업계에는 유독 북한 출신 창업주가 많다. 일제 국권 침탈과 6·25 전쟁 등을 겪는 과정에서 질병과 빈곤으로 힘들어하는 동포들을 위해 제약업에 뛰어들었기 때문이다.

한독의 창업주 고 김신권 회장은 평안북도 신의주 출신이다. 아버지가 사업에 실패한 후 그의 어머니가 압록강을 오가며 행상을 했는데 병으로 앓다 약도 제대로 써보지 못한 채 돌아가셨다. 김 회장은 약국에서 일을 하며 주경야독으로 노력한 끝에 1940년 열아홉의 나이로 만주 안동성에서 약종상 시험에 합격했다. 최연소였고 만주 정부로부터 약종상 허가를 받은 첫 번째 한국인이었다. 해방을 맞으면서 만주 생활을 정리하고 신의주로 돌아와 새로운 약방을 열었고 평양을 거쳐 6·25 전쟁 이후 부산으로 피난해 국제시장에서 동서약품을 개업했다. 이후 서울로 올라와 한독약품의 전신인 연합약품을

1954년 창업했다. 아버지 뜻을 이은 김영진 회장도 북한 동포 지원사업에 많은 관심을 보이고 있다. 한독은 남북보건의료교육재단과 탈북 의료인 교육 지원을 위한 장학사업과 북한 의학 논문 연구 등을 지원하고 있다.

GC녹십자는 '1세대 개성상인'으로 불리는 고 허채경 창업자가 설립한 한일시멘트에 뿌리를 두고 있다. 허채경 창업자의 차남 고 허영섭 녹십자 회장은 1967년 부친으로부터 지분출자를 받아 녹십자의 전신인 수도미생물약품을 인수했고, 5남 허일섭 현 회장과 함께 회사를 키웠다.

허일섭 회장과 고 허영섭 회장의 아들인 허은철 사장이 이끄는 GC녹십자는 북한과의 경제협력에 적극 나서고 있다. 지난 2000년에는 북한 조선광명성총회사와 합작해 평양에 유로키나제(뇌혈전증 치료제) 공장인 '정성녹십자제약센터'를 설립하기도 했다. 당시 공장에는 GC녹십자 파견 인력과 북한 측 근로자가 함께 근무했고 이들이 생산한 제품은 남한과 북한 모두에 공급됐다. 회사 관계자는 "당시 '앞선 기술의 첨단 의약품 공장'이라는 이유로 남북경협 사업 중 유일하게 평양 시내에 공장 설립 허가를 받았다"고 설명했다. GC녹십자 주력사업이 필수의약품인 혈액제제와 백신 생산인 만큼 북한에 대한 보건의료 지원이 재개된다면 가장 주목받는 제약사가 될 것으로 보인다.

매출 기준 제약업계 1위 유한양행을 창립한 고 유일한 박사도 평양 출신이다. 북한에서 유년 시절을 보내고 아홉 살에 미국 유학길에 올랐다. 미국에서 학업을 마치고 식품회사를 세워 많은 자산을

금강산 관광객 수

(단위=만 명) * 2008년 7월 11일 금강산관광 중단. 자료=현대아산

5.8	8.7	7.7	27.2	30.1	23.8	34.8	20
2001년	2002년	2003년	2004년	2005년	2006년	2007년	2008년

현대그룹 남북 경협 30년

1989년 1월	정주영 현대그룹 명예회장 북한 방문(기업인 첫 공식 방문)
1998년 6월	정주영 명예회장 소떼 방북(판문점 통한 北 방문)
10월	정주영 명예회장, 김정일 국방위원장 면담
11월	금강산관광 개시
1999년 10월	北 공단 건설사업에 대한 합의서 체결 정주영 현대그룹 명예회장, 김정일 국방위원장 2차 면담
2000년 8월	개성지역, 특별경제지구 지정 · 선포 합의 정몽헌 회장, 김정일 국방위원장 4차 면담(원산)
2003년 2월	금강산 육로관광 개시
6월	개성공단 착공식
2004년 12월	개성공단 첫 제품 생산
2005년 7월	현정은 회장, 김정일 국방위원장 첫 면담 개성 · 백두산관광 추진 합의
2007년 11월	개성 · 백두산관광 합의서 체결 현정은 회장, 김정일 국방위원장 면담
12월	개성관광 개시
2008년 7월	금강산관광 중단(금강산 관광객 피격사건 발생)
2008년 12월	개성관광 중단
2011년 4월	北, 현대 독점사업권 취소 발표
8월	금강산 상주 남측 인원 전원 철수
2016년 2월	개성공단 전면중단

현대그룹 남북 경협 사업권 보유 현황

금강산관광

▶ 해금강~원산지역 해당 관광지구 토지이용권(50년간)
▶ 금강산관광지구 관광사업권 및 개발사업권 : 하부구조건설권, 에너지공급, 물류, 광고 등

개성공단

▶개성시, 판문군 일대 2,000만 평 토지이용권 보유, 토지이용증 수령(50년간)
▶개성공업지구 개발사업권 : 공업지구 용지조성, 하부구조건설, 입주업체 모집·분양, 에너지공급사업, 물류, 광고사업 등

개성관광

▶사업권 : 한국, 해외동포, 외국인에 대한 개성지구 관광사업과 봉사시설 투자·운영에 대한 사업권 보유(50년간)

백두산 관광

▶사업권 : 백두산관광사업과 봉사시설 투자·운영에 대한 사업권 합의

7대 SOC 개발사업권

▶철도, 통신, 전력, 통천비행장, 금강산 수자원, 명승지 종합관광, 임진강댐 건설 운영

북한 출신 기업인 누가 있나

* 괄호 안은 기업·고향·비고.

강원도

故 정주영(현대·통천·2세 정몽구 등)
故 전중윤(삼양식품·철원·2세 전인장)

평안남도

윤병강(일성신약·순천)
故 우대규(한일약품·양덕·2세 우정익)
故 원경선(풀무원·중화·2세 원혜영 등)
주광남(금강철강)

평안북도

故 김덕현(신일산업·강계·2세 김영)
장치혁(고합·영변)
故 홍두영(남양유업·영변·2세 홍원식)
故 김신권(한독약품·의주·2세 김영진)
백성학(영안모자·철산)

평안

故 유특한(유유제약·2세 유승필)
변봉덕(코맥스)
故 이운일(신영와코루·2세 이의평)
故 유일한(유한양행·2세 유일선)

함경남도

강성모(린나이코리아·북청)
우종웅(모두투어네트워크·신포)
오동선(삼화콘덴서·영흥)
故 남상옥(국제약품·원산·2세 남영우)
故 함태호(오뚜기·원산·2세 함영준)
故 김복용(매일유업·이원·2세 김정완)
故 이양구(동양 오리온·함주·사위 담철곤)
故 박규회(샘표식품·홍남·2세 박승복)
故 이장균·유성연(삼천리 삼탄·함주, 삼평·2세 이만득, 유상덕)

황해남도

故 허창성(SPC · 옹진 · 2세 허영인)
故 정재원(정식품 · 은율 · 2세 정성수)
이경호(영림목재 · 장연)

황해북도

故 장병희 · 최기호(영풍 · 봉산 · 2세 장철진 등, 최창걸 등)
안유수(에이스침대 · 사리원)
故 단사천(한국제지 계양전기 · 서흥 · 2세 단재완)

개성

故 허채경(한일시멘트 녹십자 · 2세 허정섭 등)
故 우상기(신도리코 · 2세 우석형 등)
故 이회삼(유니온 · 2세 이건영)
故 임광정(한국화장품 · 2세 임충헌 등)
故 서성환(아모레퍼시픽 · 2세 서경배)
故 이회림(OCI · 2세 이수영)

일궜던 그는 1925년 사업차 귀국했을 때 일제 치하에서 고통받는 동포들의 실상을 직접 보게 됐다. 이후 '건강한 국민만이 장차 교육도 받을 수 있고 나라도 찾을 수 있다'는 신념 하에 제약사를 설립했다. 아이들에게 상처가 나도 발라줄 연고가 없었던 당시 현실을 감안해 자체 개발 의약품 1호인 '안티후라민'을 출시하게 된다. 유 박사의 동생이었던 고 유특한 회장도 일본 와세다대학 법학부를 졸업한 후 유유제약을 설립해 제약업에 뛰어들었다. 이후 결핵치료제 등 필수의약품 생산에 매진했다. 현재 유유제약은 유특한 회장의 장남 유승필 회장과 손자 유원상 부사장이 이끌고 있다.

일성신약 창업주 윤병강 회장은 평안남도 순천 출신으로 월남해 6 · 25 종전 후인 1954년 의약품 도매업에 뛰어들었다. 1970년에는 범양제약을 인수해 일성신약의 기반을 잡았다. 윤 회장은 대우증권 전신인 동양증권을 설립했으며 한때는 한일은행 지분을 16.5퍼센트 보유했던 금융투자업계 큰손으로도 알려져 있다.

3

고향 침대공장의 꿈
에이스침대

　　남북 간 민간교류를 논할 때 빠지지 않는 대표적인 기업인은 바로 대북 지원 민간단체인 재단법인 에이스경암을 이끌고 있는 안유수 에이스침대 회장이다. 그는 남북 최초 육로 왕복 수송, 5·24 조치 이후 첫 비료 지원 등 대북 지원사업 관련 '최초' 타이틀만 여러 개일 만큼 남북 민간교류에 큰 발자취를 남겼다.

　　안 회장의 대북 지원사업은 지금으로부터 약 20여 년 전으로 거슬러 올라간다.

　　1930년 사리원에서 태어난 안 회장은 1·4 후퇴 때 월남했다. 부모형제를 모두 사리원에 남겨두고 하룻밤만 피난 갔다 오겠다며 집을 나선 게 마지막이 됐다.

이후 그는 서울 노량진 산동네에서 철사를 감아 스프링을 만들면서 침대업계에 뛰어들었다. 한국전쟁 당시 미군들이 침대를 사용하는 것을 눈여겨본 안 회장이 국내도 온돌문화에서 침대문화로 바뀔 것이라 확신한 것이다.

1963년에 에이스침대공업사를 세워 사업을 시작했지만 초기에는 기술력이 변변치 못했다. 1980년대 미국 씰리침대와 기술제휴를 맺으면서 제품경쟁력이 향상됐고, 1988년 서울올림픽 당시 선수촌, 신도시 아파트 등에 침대를 납품하면서 점차 인지도를 쌓아갔다. 그리고 '침대는 가구가 아니라 과학입니다'라는 광고 카피로도 공전의 히트를 쳐서 침대로 자수성가했다.

그러나 항상 마음 한편에는 고향에 대한 그리움이 남아 있었다. 결국 지난 1997년 묘향산 국제친선전람관 가구 지원을 시작으로 대북 지원사업에 나서며 실향민의 한을 풀었다. 2000년에는 원산 갈마호텔에 가구를 지원했고, 고향 지원사업의 일환으로 사리원 예술극장, 사리원 38여관에 각종 가구류와 각종 건축자재를 제공했다.

2008년에는 이명박 정부 들어 기업인으로는 최초로 경의선 육로로 방북했다. 당시 안 회장은 "57년 전 혈기왕성한 청년 때 내려왔던 길을 백발이 성성해 거슬러 올라 고향에 돌아가게 돼 감개가 무량하다. 이번 방북이 최근 경색된 남북 간 화해에 도움이 되길 바란다"며 간절한 마음으로 남북 화해를 바랐다.

안 회장은 건설 중인 '황해북도 예술극장' 건설 상황을 둘러보고 예술극장에 들어갈 의자 1,000석과 무대조명 등을 공급했다. 그뿐만 아니라 당시 사리원시 일대의 도로 정비, 민속거리 조성 등을 위해 가로등 350여 개, 도로 포장용 아스팔트, 주택 도색용 페인트 등을 공급하여 북한 주민의 생활환경 개선에 나서기도 했다.

특히 그는 고향 주민들이 배곯지 않도록 하기 위해 영농 지원에 집중했다.

2009년에는 북 아태평화위와 황해북도 인민위원회 측과 협력해 황해북도 사리원시에 온실농장을 건설했으며, 비닐하우스 50동 규모의 약 1만여 평의 시범영농단지를 최근까지 운영했다. 단순한 인도적 지원이 아닌 직접 생산을 하는 방식이어서 남북 개발협력의 성공 사례로 꼽혔다.

2010년 천안함 폭침으로 촉발된 5·24 조치로 남북 교류가 꽉 막혔지만, 안 회장은 포기하지 않고 때를 기다렸다. 그리고 2014년 정부가 취약계층을 대상으로 한 인도적인 지원만 허락하기로 방침을 세우자마자, 안 이사장은 곧바로 비닐하우스 운영에 필요한 배양토와 자재, 종자 등 컨테이너 20대 분량, 금액으로는 약 2억 원 상당의 대북 지원을 실행에 옮겼다. 수송 방식으로는 남북 최초로 개성에서 양측 운전기사를 교체해 황해북도 사리원시까지 수송하고 돌아오는 내륙 육로 왕복 수송을 택했다.

안 이사장은 당시 "아무래도 농업 분야에서 서로 협력하는 것이 옳은 일이 아닌가 해서 조그만 힘이지만 열심히 해볼 겁니다"라며 대북 지원 의지를 불태웠다.

2015년에도 사리원시에 임·농업 협력물자를 지원하면서 5·24 조치 이후 5년 만에 처음으로 비료 지원을 했다. 당시 안 회장은 트럭 22대에 비료 15 톤과 농업자재를 싣고 육로로 방북했다.

안 이사장은 "어려운 남북관계 속에 양측 당국 모두 그간의 대북 사업 성과를 인정해 승인을 해준 데 감사한다"며 "이번 농업협력사업 재개를 통해 우리 민족이 서로 화해하고 협력하는 새로운 미래를 봤으면 한다"고 소감을 밝히기도 했다.

남측 기업인으로는 현정은 현대그룹 회장 다음으로 북측의 인정을 받고 있다는 평가까지 나올 만큼 그의 대북 지원은 북한 내에서도 정평이 나 있다.

지난 2015년 북한을 방문했던 한 대북 활동가는 "사리원 가는 차 안에서 북한 관계자가 안 회장이 고향을 위해 극장도 세우고 도로 포장도 해주는 등 많은 기여를 하고 있다는 얘기를 들려줬다"고 전하기도 했다.

안 회장은 자신의 고향인 사리원에 침대공장을 건설할 계획을 꿈꾸기도 했다. 지난 2007년 남북경협협의사무소에서 북한 광명성총회사와 합영회사인 '사리원에이스침대가구'를 설립하기로 계약을 체결하고 침대 매트리스와 프레임을 생산하려 했다. 부지도 약 2만여 평 확보했다. 그러나 회사 설립 과정에서 북측과의 조율이 원만치 않아 아쉽게 성사되지 못했다.

회사 관계자는 "그동안 꾸준히 대북 지원 활동을 벌여온 만큼 향후 남북관계가 잘 풀린다면 기존의 지원사업을 다시 재개할 수 있을 것"이라고 밝혔다.

안 회장은 대북 지원사업뿐만 아니라 사회공헌 활동에도 적극적이다. 안 회장은 1999년부터 20년째 '기업의 이윤을 사회에 환원한다'는 기업가정신을 실천하고자 한 해도 빠지지 않고 설과 추석 명절에 독거노인과 소년소녀가정 등 불우한 이웃을 위해 쌀을 기증해왔다. 또 지난 25년간 불우노인들을 위한 무료급식소 및 경로당도 운영하며 소외받고 약한 이웃을 돌아보는 나눔 철학을 실천하고 있다.

소방관 처우 개선에도 각별한 관심을 갖고 소방관 치료비, 순직자녀 장학금 등을 2010년, 2014년, 2016년, 2017년에 각각 3억 원씩 전달했다.

북한의 경제규모: 남한의 2% 수준인 북한 GDP

한반도를 둘러싼 정치 경제적 지형이 빠르게 바뀌고 있다.

1953년 정전협정이 체결된 지 65년 만에 정전협정 종료와 평화체제 논의가 활발해지고 있다. 이에 무엇보다 남북 경제협력에 가장 관심이 쏠리는 분위기다. 개성공단 남북연락사무소 설치를 시작으로 남북을 잇는 도로·철도 복구에 대한 교류도 본격화되고 있다. 민간에서는 개성공단 재개와 북한의 삼림, 에너지 자원 등에 대한 관심도 높아지고 있다.

남북 경제협력이 향후 어떤 방향으로 진행될지 여부는 결국 비핵화에 대한 북한의 태도와 이를 받아들이는 미국 정부 입장에 달렸다고 해도 지나치지 않다. 국제사회의 대북 제재가 완전히 해소돼야 남북경협도 본 궤도에 오를 수 있기 때문이다. 따라서 남북경협이 본격화되기 전에 북한의 기본적인 경제 실정부터 제대로 파악해두는 것이 필요하다.

북한은 전 세계에서 드물게 사회주의 소유제도에 바탕을 둔 계획경제 체제를 고집하고 있다. 사회주의 소유제도는 '생산수단과 생산물이 전 사회적 또는 집단적으로 소유되는 제도'를 말한다. 북한은 헌법에서 생산수단은 국가와 사회협동단체(협동농장)가 소유하는 것으로 규정하고 있다. 토지나 선박·중소 공장 등 일부를 협동농장이 소유하기도 하는데 이마저 궁극적으로는 국가 소유를 지향하고 있다.

같은 공산권이었지만 중국, 베트남에 이어 쿠바마저 헌법으로 사유재산을 보장하는 추세와는 대조적이다. 쿠바는 지난 7월 헌법 개정으로 사유재산권과 외국인 투자를 보호하는 등 자유시장경제를 인정하는 방향으로 경제개혁에 나서고 있다.

물론 북한에서도 시장경제의 움직임은 조금씩 나타나고 있다. 1990년대부터 하나둘 나타나기 시작한 장마당의 경우 2003년부터 북한 당국이 공식적으로 인정하고 있다. 현재 북한 당국의 인가받은 종합시장만 482개에 달한다. 장마당 시장이 커지면서 이와 관련된 물류와 금융, 부동산 거래도 민간시장에서 성장하고 있다. 한국은행에 따르면 북한 주민들은 식량의 약 60퍼센트와 소비재의 약 67퍼센트를 이같은 시장을 통해 얻고 있다고 한다.

하지만 장마당을 중심으로 점진적으로 성장해오던 북한 경제가 최근 심상찮다. 2018년 7월 한국은행이 발표한 '2017년 북한 경제성장률 추정 결과'를 보면 북한 경제상황은 지난해 극도로 나빠졌다. 2017년 북한의 실질 국내총생산(GDP)은 31조 9,966억 원으로 전년(30조 8,823억 원)보다 3.5퍼센트 감소한 것으로 추정됐다. 이는 한국의 2퍼센트 정도에 불과하다.

해외에서 벌어들인 소득을 포함해 국가경제 규모를 파악하는 지표로 활용되는 명목 국민총소득(GNI) 역시 36조 6,000억 원으로 한국(1,730조 5,000억 원)의 47분의 1 수준이다. 1인당 국민총소득은 146만 4,000원으로 한국(3,363만 6,000원)의 23분의 1에 그친다.

특히 2017년 북한의 경제성장률은 마이너스 6.5퍼센트를 기록했는데 이는 1997년 이후 20년 만에 최저치라고 한다. 북한은 2010년대 들어 2011~2014년 1퍼센트 안팎 성장세를 유지해오다 2015년 잠깐 마이너스 1.1퍼센트로 떨어졌다. 하지만 2016년 다시 3.9퍼센트로 반등에 성공했지만 1년 만에 크게 고꾸라진 것이다. 이유는 여러 가지가 있겠지만 무엇보다 핵미사일 개발에 따른 국제사회의 제재가 강화되고 가뭄 등 기상 악화가 겹치면서 최악의 경제상황을 맞았다. 여기에 개성공단 폐쇄로 남북 교역이 중단된 것도 북한 경제에 영향을 미쳤다.

지난해 UN은 북한의 주력 수출품인 석탄, 철강, 수산물, 섬유제품 등의 수출을 금지했다. 석탄, 철광석의 경우 2016년에는 민생 목적으로 수출입이 허용됐지만 2017년에는 이마저 모두 금지됐다. 여기에 곡물 파종 시기에 가뭄이 덮쳐 곡물 생산량과 수력 발전량이 줄었다. 북한은 에너지 부문에서 수력발전 의존도가 높기 때문에 전력 생산량 감소는 결국 중화학공업 생산 부진으로 이어졌다.

북한 전문가들은 김정은 국무위원장이 중국의 경제발전 현장을 몇 차례 시찰한 후 북한 내에서 현지지도로 경제에 주력하는 점에 주목하고 있다. 계획경제 체제의 한계를 느끼면서 대외적인 제재가 완화되면 어느 정도 개방에 나서면서 사유제한도 부분 인정하는 방향으로 갈 수밖에 없을 것이라는 전망이다.

문재인 대통령은 2018년 광복절 축사에서 남북경협의 경제적 효과가 '30년간 170조 원'이라고 전망했다. 물론 변수야 많겠지만 북한의 자원과 노동력은 우리 기업에 큰 기회인 것은 부인할 수 없는 사실이다. 이제 기회는 준비하는 기업에게만 찾아온다.

북한의 경제 활동별 국내총생산

	실질		증감률	명목		구성비
	2016	2017		2016	2017	(2017)
농림어업	7,144.1	7,049.4	−1.3	7,832.6	8,304.5	22.8
광공업	11,428.7	10,462.0	−8.5	11,980.1	11,573.2	31.8
광업	4,790.4	4,265.5	−11.0	4,547.4	4,271.4	11.7
제조업	6,657.9	6,196.6	−6.9	7,432.7	7,301.8	20.1
전기 가스 수도업	1,192.5	1,157.3	−2.9	1,874.5	1,836.5	5.0
건설업	2,608.7	2,494.0	−4.4	3,194.7	3,146.8	8.6
서비스업	9,561.6	9,608.8	0.5	11,221.4	11,520.7	31.7
정부	6,904.4	6,958.4	0.8	8,098.4	8,446.8	23.2
기타	2,657.1	2,650.3	−0.3	3,122.9	3,074.0	8.4
(도소매 및 음식숙박)	127.5	125.8	−1.3	134.7	136.0	0.4
(운수 및 통신)	762.8	730.9	−4.2	915.4	838.2	2.3
(금융 보험 및 부동산)	1,767.9	1,795.3	1.5	2,072.8	2,099.8	5.8
국내총생산	31,996.6	30,882.3	−3.5	36,103.3	36,381.8	100.0

출처: 한국은행

북한의 GNI

	북한(A)		한국(B)		B/A(배)	
	2016	2017	2016	2017	2016	2017
명목 GNI (한국 조 원)	36.4(5.4)	36.6(0.7)	1,646.2(5.0)	1,730.5(5.1)	45.3	47.2
1인당 GNI (한국 만 원)	146.1	146.4	3,212.4	3,363.6	22.0	23.0
인 구(천 명)	24,897	25,014	51,246	51,446	2.1	2.1

주: ( ) 내는 전년 대비 증감률(%)

북한의 대외 교역규모(남북 교역 제외)(억 달러)						
	북한(A)		한국(B)		B/A(배)	
	2016	2017	2016	2017	2016	2017
교역 규모	65.3(4.5)	55.5(-15.0)	9,016.2(-6.4)	10,521.7(16.7)	138.1	189.6
수출	28.2(4.6)	17.7(-37.2)	4,954.3(-5.9)	5,736.9(15.8)	175.7	324.1
수입	37.1(4.4)	37.8(1.8)	4,061.9(-6.9)	4,784.8 (17.8)	109.5	126.6

주: ( ) 내는 전년 대비 증감률(%)
출처: 코트라(KOTRA), 관세청

남북 교역 추이(백만 달러, %)										
	'10	'11	'12	'13	'14	'15	'16(A)	'17(B)	(B-A)	증감률
반출[1]	868.3	800.2	897.2	520.6	1,136.4	1,262.1	147.0	0.9	-146.1	-99.4
반입[2]	1,043.9	913.7	1,074.0	615.2	1,206.2	1,452.4	185.5	0.0	-185.5	-100.0
계	1,912.2	1,713.9	1,971.1	1,135.8	2,342.6	2,714.5	332.6	0.9	-331.7	-99.7

주: 1) 우리나라에 대한 북한의 수입 2) 우리나라에 대한 북한의 수출
출처: 통일부

4

북에 시멘트 공급
쌍용양회

"쌍용양회는 동해(연안)와 영월(내륙)에 생산공장을 보유하고 있
는 연간 1,500만 톤에 달하는 국내 최대 규모의 생산능력을 갖춘 시
멘트 전문기업입니다. 남북경협이 재개된다면 현재 쌍용양회가 갖
춘 생산·공급능력을 바탕으로 북한 지역에 즉시 시멘트를 공급할
수 있습니다."

서울 중구 쌍용양회 본사에서 만난 홍사승 쌍용양회 회장은 남
북경협이 재개될 경우 시멘트업계에는 큰 기회가 될 수 있다는 점을
강조했다. 1967년 쌍용양회에 입사한 홍 회장은 50여 년간 시멘트업
계에 종사한 업계 최고의 전문가이다. 쌍용양회 자금부장, 상무이
사, 대표이사 사장, 회장을 역임한 대표적인 쌍용맨이다. 50여 년간

시멘트업계에 종사하며 쌍용양회의 대북 사업, 대북 지원에도 관여해 누구보다 남북경협에 대한 이해도도 높다.

쌍용양회는 1994년 그룹 차원에서 당시 대북 사업의 일환으로 북한 평안남도 순천 시멘트공장 개선사업에 나선 적이 있다. 당시 홍 회장은 최고재무책임자(CFO)로서 관련 사업에 관여했다. 홍 회장은 "당시 통일부에서 쌍용양회에 낙후된 북한 시멘트공장을 우리나라 수준으로 개선해달라는 요청을 해왔다"며 "쌍용양회는 물류책임자와 엔지니어들로 TF팀을 꾸려 순천 시멘트공장에 여러 차례 방문해 실사와 협의를 거쳤다"고 말했다. 평양 인근에 자리 잡은 순천 시멘트공장은 북한에서 제일 큰 규모로 연산 300만 톤 수준(킬른 3대)으로 추정된다. 연산 1,150만 톤인 쌍용양회 동해공장의 약 4분의 1 수준에 불과한 것이다.

시멘트공장의 낙후된 시설과 부족한 SOC로 인해 시멘트 생산량은 미미한 수준이지만 순천 시멘트공장의 잠재성은 크다. 각종 건설공사로 인해 시멘트 수요가 큰 북한의 수도 평양이 인접해 있고 시멘트의 주 원료인 석회석 산지가 평양 일대에 몰려 있기 때문이다.

홍 회장은 "우리 엔지니어와 북한 엔지니어들이 머리를 맞대고 북한 시멘트공장 리모델링을 어떻게 할지에 대해 여러 차례 논의를 했다"며 "남북한 간 육로 개통이 되기 전이라 20여 명의 우리 인력이 베이징을 거쳐 평양, 순천으로 들어갔었다"고 말했다.

비록 남북한 간 말이 달랐지만 사용하는 기술적인 용어들은 같아서 금방 말이 통했다고 한다. 홍 회장은 "기술자들 간 의사소통의 어려움은 없었다"며 "다만 북한 체제의 특성상 엔지니어들이 독단적으로 결정을 내릴 수 없어 노동당의 결정을 하염없이 기다려야 하는 경우도 다반사였다"며 당시를 회고했다. 당시 북한에서도 쌍용양회 전문가들로부터 시멘트 생산기술 지원을 받을 수 있다는 것에 기대가 컸다고 한다.

남과 북이 힘을 합쳐 1994년 야심 차게 시작된 시작된 시멘트공장 협력사업은 북핵 위기로 남북관계가 경색되면서 1996년 중단됐다. 돌파구가 보이지 않던 협력사업은 미·북 합의로 북핵 위기가 고비를 넘기면서 새로운 국면을 맞게 됐다.

시멘트공장 개선사업은 무산됐지만 쌍용양회로서는 또 다른 경협 기회를 잡게 된 것이다. 1998년 한반도에너지개발기구(KEDO)에서 북한 경수형원자로(경수로) 건설사업 논의가 시작됐다. 경수로를 건설하려면 막대한 양의 특수시멘트가 필요했는데 북한의 낙후된 시멘트공장에선 필요 시멘트를 조달할 수 없었다. 시멘트 공급은 국내 시멘트사들이 맡게 됐다. 시멘트는 육상으로 운송할 경우 많은 비용이 드는데 도로와 철도가 낙후된 북한에 육로로 시멘트를 공급하는 것은 한계가 있었다. 자연스레 동해안에 시멘트 공장을 보유한 쌍용양회가 경수로 건설용 시멘트를 공급할 적임자가 됐다.

2002년 쌍용양회는 경수로 건설에 사용할 특수시멘트 3만 2,000톤을 동해시 북평항에서 함경남도 신포항으로 북에 공급했다. 쌍용양회는 이후 북한 수해피해 복구를 위한 대북 지원, 개성공단 조성에 시멘트를 지원하기도 했다.

남북관계의 경색으로 1990년대 시작한 대북 사업은 중단됐지만 쌍용양회로선 북한 시멘트 공장의 설비 개조와 인근 항만의 선적 설비투자를 포함한 다양한 협력 방안을 북측과 논의하는 과정에서 북한 시멘트 공장의 설비 현황과 기술 수준을 정확히 파악할 수 있었다. 향후 대북 사업이 본격 실행된다면 쌍용양회로서는 경쟁사 대비 유리한 조건에 있는 셈이다.

동해안 공장을 보유하고 있다는 점은 쌍용양회만의 또 다른 강점이다. 북한은 도로, 철도 등 SOC가 아직 완비돼 있지 않아 시멘트를 수송하려면 해운을 이용하는 것이 가장 유리하기 때문이다. 쌍용은 동해 공장에서 생산된 시멘트를 북평항을 통해 북한의 동·서해안 원하는 곳 어디든 보낼 수 있다.

홍 회장은 "북한에 시멘트를 보내려면 철도나 선박을 이용해야 하는데 선박이 철도에 비해 물류비가 3~4배 정도 저렴하다"며 "선박을 이용하면 해주까지도 시멘트 공급이 가능하다"고 설명했다. 그는 "평양 인근 순천 시멘트공장을 가동해 시멘트를 바로 북한에 공급하면 좋겠지만 공장 인근 석회석 광산 개발과 설비투자 등에 최소 3~4년이 걸린다는 것을 감안해야 한다"며 "그 기간 동안 동해 시멘트공장에서 생산된 제품들을 바로 북한에 공급할 수 있다"고 말했다.

홍 회장은 "향후 북핵 문제 해결 과정에서 대북 제재가 어떻게 될지 지켜봐야겠지만 제재가 풀리고 경협이 순조롭게 진행된다면 우선 우리나라에 있는 시멘트를 북한으로 바로 판매할 수 있다"라고 말했다. 그는 "우리나라는 레미콘화돼 있지만 북한은 레미콘 설비가 따로 없어서 우리가 포장시멘트를 북한으로 운반한 뒤 이걸 뜯어서 자갈, 모래, 물을 섞어 콘크리트를 만들어야 한다"며 "과거 쌍용양회가 컨테이너를 통해 포장 시멘트를 베트남 등 개발도상국에 수출했듯 비슷한 방법으로 북한에 수출할 수 있을 것"이라고 덧붙였다.

홍 회장은 포장시멘트를 북한으로 운반한 뒤 현지에서 뜯은 뒤 자갈, 모래, 물을 섞어서 콘크리트를 만들어야 하는 것"이라고 설명했다.

홍 회장에 따르면 대북 시멘트 수출은 시멘트를 10킬로그램 단위로 포장해 콘테이너에 실어 보내는 1단계, 벌크로 수출해서 우리나라처럼 북한 시멘트도 레미콘화하는 2단계, 북한 현지에 출하기지를 구축해 본격적으로 시멘트를 공급하는 3단계로 나눠볼 수 있다. 홍 회장은 북한 현지에 공장을 지어서 시멘트를 공급하는 것은 최소 3~4년은 걸릴 것으로 내다봤다. 전력, 도로 등 부족하고 낙후된 SOC를 우선 개선해야 시멘트를 원활히 생산·공급할 수 있다는 것이다.

쌍용양회를 비롯한 시멘트업계는 북한의 시멘트시장 성장잠재력이 크다고 판단하고 있다. 홍 회장은 "SOC는 모든 산업의 기본이고 시멘트는 모든 건설의 기초 자재"라며 "북한에서 우리나라의 새마을운동처럼 본격적인 국토 개발 붐이 인다면 10년 후 북한의 1인당 시멘트 수요는 현재 우리나라 수준에 육박할 것으로 추정된다"고 말했다. 그는 "1970년대 우리나라 시멘트 수요는 1인당 500~600킬로그램이었는데 지난해엔 1,000킬로그램을 넘어섰다"며 "현재 북한은 1인당 30킬로그램 정도 수준에 불과하다"고 말했다. 북한은 평양 등 대도시와 인접지역을 제외하고 대부분의 지역이 미개발 상태이다. 원활한 시멘트 공급이 없이는 도시를 만들고 도로, 철도, 교량, 항만 등 SOC를 확충하는 것은 불가능하다.

쌍용양회가 북한과 함께 개선 작업을 할 당시 순천 시멘트공장 전경

쌍용양회는 북한 시멘트업계와의 적극적인 협력도 검토 중이다. 시멘트 원료인 석회석 매장량은 북한의 경우 약 1,000억 톤에 달한다. 연간 생산능력은 2016년 기준 약 1,200만 톤 정도로 추정되는데 설비 낙후와 전력난으로 인해 실제 생산량은 700만 톤인 것으로 알려져 있다.

홍 회장은 "오랜 기간 충분히 검토를 해야 하겠지만 현지 생산 및 공급 시스템을 마련하는 것도 필요하다고 생각한다"며 "1990년대 중반 추진했다가 성사 직전에 무산됐던 쌍용양회의 노하우와 기술력을 접목한 북한 시멘트공장 운영을 지원하고, 더 나아가 합작 설립까지 이루는 것, 이제는 꿈이 아니라고 생각한다"고 강조했다.

북한의 도로, 철도 등 SOC 현황

북한의 사회간접자본(SOC)을 논의할 때 항상 따라붙는 수식어가 '낙후됐다'는 것이다. 한국에 비하면 철도와 도로 모두 열악한 상황이다.

북한에서 물건과 사람은 주로 철도를 통해 이동한다. 북한의 육상 수송망은 철도가 중심이 되고 도로는 이를 보조하는 역할로 도로는 철도역과 주변 지역 간 연결 기능을 담당하고 있다. 중장거리 운송은 철도를 이용하고 도로는 단거리 운송에 주로 이용한다.

화물 수송의 경우 철도 수송 비율은 90퍼센트에 달한다. 여객 수송에서도 62퍼센트를 차지한다. 종합하면 철도의 수송 분담률은 86퍼센트로 철도는 북한에서 주요 수송수단 중 하나이다. 반면 도로는 12퍼센트, 해운은 2퍼센트에 불과하다.

철도는 다량 수송과 규칙적인 수송이 가능하고 수송시간이 짧으며 원가도 자동차의 34퍼센트, 해상운송의 절반에 불과하다. 북한 철도화물의 평균 수송거리는 약 160킬로미터로 자동차 화물 수송거리의 15배, 연안해운 거리의 1.7배에 달한다.

북한에서 철도는 자력갱생 및 안보의 기능을 담당한다. 평시에는 물자와 인력을 수송하는 주요 기능을 담당하며 전시에는 전쟁에 필요한 자원을 동원하는 역할을 하게 된다. 통일부 등에 따르면 2016년 말 기준 북한의 철도 총연장은 5,226킬로미터이다. 약 80퍼센트가 전철화되어 한국(70퍼센트)보다 그 비율이 높다. 북한이 전철화에 공을 들이는 것은 전기기관차가 디젤기관차에 비해 마력이 높아서 산악지대를 더 쉽게 이동할 수 있기 때문이다. 북한 역시 우리나라처럼 석유를 수입에 의존한다는 점도 높은 전철화의 이유가 됐다.

북한은 우리나라에 비해 전철화 비율은 높지만 거의 대부분(98퍼세트)의 철도가 단선이며 70퍼센트 이상이 일제강점기에 건설되어 노후화가 심각하다. 화물열차의 평균속력이 30킬로미터 이하인 이유이다.

철도가 장거리 수송을 담당한다면 도로는 단거리 운송에 주로 이용된다. 통일부 등 관계 기관에 따르면 2016년 기준 기준 북한의 도로 총연장은 2만 6,176킬로미터이며 이 중 고속도로는 774킬로미터이다. 같은 해 한국의 도로 총연장이 10만 8,780킬로미터, 이 중 고속도로가 4,438킬로미터인 것에 비하면 각각 24.1퍼센트, 17.4퍼센트에 불과하다.

북한은 양적 지표인 도로 총연장 길이도 짧지만 질적인 문제도 크다. 고속도로를 제외하면 북한의 도로 포장률은 10퍼센트에도 못 미친다. 간선도로의 대부분은 왕복 2차선 이하에 불과하다. 2016년 기준 총연장 774킬로미터인 북한의 고속도로는 6개 노선으로 평양-개성(171킬로미터), 평양-향산(묘향산, 146킬로미터), 평양-남포(신도로 53킬로미터) 등 주요 구간만 아스팔트 포장이 적용됐다. 나머지 평양-원산

도로 총연장 및 고속도로 길이(단위: km)					
남북한별	1990	2000	2010	2015	2016
한국:도로 총연장	56,715	88,775	105,565	107,527	108,780
한국:고속도로 길이	1,551	2,131	3,859	4,193	4,438
북한: 도로 총연장	23,000	23,633	25,950	26,183	26,176
북한:고속도로 길이	354	724	727	729	774

남북한 철도 연장 추이(단위: km)						
연도		1990	2000	2010	2015	2016
북한(총연장)		5,045	5,214	5,265	5,304	5,226
한국	총연장	3,091	3,123	3,557	3,874	3,918
	궤도연장	6,435	6,706	8,426	9,001	9,364

출처: 통일부 북한정보포털 등 종합

(209킬로미터), 원산-금강산(106킬로미터), 평양-남포(구도로 44킬로미터) 구간은 콘크리트로 포장한 것으로 알려져 있다.

지속된 경제난에 핵·미사일 도발로 인한 국제사회의 제재로 인해 북한은 새로운 도로 건설 대신 기존 도로의 개보수에 집중하고 있다. 북한 언론의 보도에 따르면 평양시 도로 확장공사, 도로 포장, 도로분리대 설치 등 도로 정비 및 개보수 사업이 진행 중이다.

함경북도 청진-라선 도로개보수, 평양-원산 관광도로의 옹벽보수공사, 희천-명문-강계 도로 개보수, 원산-함흥 도로 개보수 등이 꾸준히 이뤄지고 있다.

북한은 연료 절약, 차량 수명 등을 감안해 자동차는 수송거리 30킬로미터 이내의 단거리 운행을 원칙으로 한다. 2016년 기준 북한의 자동차 보유 대수는 약 28만 5,000대로 우리나라의 2,180만 3,000대의 1.3퍼센트에 불과하다. 도로의 화물 수송 분담률도 7퍼센트 안팎이다.

북한의 북부는 고산지대, 중앙부는 낭림산맥이 좌우로 가로지르고 있어 도로망은 동서 양안을 따라 집중되는 경향이 있다. 낭림산맥의 경우 동쪽에서 서쪽으로 갈수록 낮아지는 동고서저 유형이라 동서 간 관통도로가 적고 대부분의 도로는 계곡, 하천을 따라 발달했다. 험준한 지형으로 인해 교량과 터널이 많다.

도로 사정이 열악한 북한은 도로보다 철도를 이용한 물류운송이 더 발달해 있다. 철도가 중심이 되고 도로가 이를 보조하는 '주철종도'인 셈이다.

5

태양광발전 추진
에스디엔

북한이 평양에 집중된 경제 구조를 가지고 있다는 사실은 우리 사회에도 잘 알려져 있다. 평양을 제외한 다른 지역은 전력, 교통 등 모든 인프라(infrastructure)가 잘 갖춰져 있지 않다는 얘기다. 모든 산업의 근간이 되는 전력망도 마찬가지다. 북한에서 생산되는 전기는 주파수가 안정되지 않아 산업용으로 쓰기 어려운 수준이다. 산업용까지 가지 않아도 일반 전력망도 엉망이다. 대형 송전탑을 통해 송전하지는 못할망정 초고압 전류가 흐르는 전깃줄이 동네 당산나무에 걸려 옆마을로 이어지는 수준이다.

태양광·모터 전문기업 에스디엔(SDN)의 최기혁 대표는 북한을 여러 차례 방문하며 북한 곳곳의 전력 상황을 눈으로 직접 확인한 전력 전문가이다. 지난 2005년, 노무현 정부가 대북 송전을 추진할 때 북한을 찾아가 9박 10일 일정으로 중국을 거쳐 북한의 주요 전력 시설 곳곳을 견학했다. 전력 생산시설은 물론 많은 전력을 사용하는 시설까지 꼼꼼히 살피고 왔다.

흔히 알려진 북한의 '엉망'이 된 전력 상태는 사실일까. 최기혁 대표는 과거 개성공단만 봐도 북한의 전력 상태가 엉망이라고 말한다. "개성공단에서 사용됐던 전력만 해도 우리나라에서 보내주지 않았습니까? 북한이 평양직할시만 해외 언론에 공개하는 등 북한이 많이 발전한 것처럼 눈속임을 쓰고 있는 겁니다." 경기도 파주시 자유로에 설치된 문산변전소 송전탑은 여전히 개성공단과 연결돼 있다. 지금은 전력을 보내고 있지 않을 뿐이다.

최기혁 대표가 2005년 8월 다녀온 곳은 평양 시내와 남포 지역이었다. 방북 이전에 민간에서 북한에 1kw 규모의 풍력발전 설비 25기와 100kw 규모의 태양광발전 설비를 지원하고, 이 설비가 군용설비로 쓰이지는 않는지 점검하기 위해 방문했다. 방문에 겸해 북한의 주요 전력시설까지 한꺼번에 점검해본 것이다. 방문 자격은 YMCA 시민환경위원장 자격이었다.

최 대표를 비롯해 YMCA, 환경운동연합, 에너지시민연대가 공동으로 북한에 풍력발전 설비와 태양광발전 설비를 지원하고 설비 가동 현황을 확인하기 위해 방문했다. 그는 많은 전기를 사용하는 남포의 서해갑문과 평양의 주체탑, 묘향산의 김정일기념관과 호텔은 물론 무연탄발전소도 한 곳을 직접 확인했다.

"북한이 주장하는 자신들의 발전능력은 연간 700만 kw 수준이지만 실상은 그렇지 않습니다. 발전설비가 제대로 가동되기 어려운 환경인 데에 더해 제대로 된 연료를 수급하기도 어려운 상황이라서 그렇습니다." 북한의 설비 용량은 풍력과 수력, 무연탄화력발전을 합해 연간 700만 kw 수준이지만, 설비 이용률을 고려하면 실제로 생산하는 전력량은 한참 줄어든다. 특히 일반적인 화력발전은 유연탄을 사용하지만, 북한은 자국에서 생산하는 무연탄을 사용해 발전 효율이 떨어지는 상황이다. 수력발전도 고장난 부품을 교체하지 못하는 등 효율이 떨어지는 상황이다. 최 대표가 북한을 방문한 당시 북한의 수력 설비 이용률은 20~30퍼센트 수준이었고 화력발전도 50퍼센트에 미치지 못하는 수준이었다. 유연탄과 무연탄, 중유, 발전에 쓰이는 저급유인 벙커C유 사용량을 모두 고려해도 연간 400만 kw를 생산하기 어려울 거라는 게 전문가들의 추측이다.

2005년 노무현 정부가 대북 송전을 추진하던 시기 고려하던 송전 용량은 연간 200만 kw였다. 북한이 생산할 수 있는 연간 전기량의 절반 이상을 차지하는 양이다. 하지만 대북 송전은 단순히 전기를 공급해주기만 하면 되는 문제가 아니라는 지적도 나온다. "북한은 고압 송전탑은 물론 일반적인 전봇대도 제대로 깔려 있지 않으니 전기를 줘도 제대로 쓸 수가 없습니다. 우리나라 같으면 송전탑을 세워 전기를 보내야 마땅한 상황인데도 길가 큰 나무에 수십만 볼트가 흐르는 고압선이 걸쳐져 있더군요." 이처럼 우리나라가 전기를 공급해줘도 북한 전역에 제대로 유통하기 어려운 상황이다. 2005년 당시 대북 송전을 추진하다 실제로 성사되지 못했던 이유 중 하나로 '줘도 제대로 쓰지 못하는' 상황도 영향을 끼쳤던 것으로 보인다.

북한의 전기 품질도 문제다. 최 대표는 "북한의 전기는 48Hz에서 62Hz 사이로 왔다 갔다 하기 때문에 산업용으로 사용하기 어려운 상황"이라고 지적했다. 우리나라에서 전기 주파수는 60Hz로 일정하게 유지된다. 반도체, 디스플레이 장치를 만들 때는 추가로 전기 안정화 장치까지 쓰는 점을 고려하면 주파수조차 관리되지 않는 전기로는 웬만한 산업 부문에 사용할 수 없는 실정이다.

과거 금강산 관광이 활발하게 이뤄지던 시기에도 전력은 우리나라에서 공급한 것을 사용했다. 북한의 전기는 품질이 불안정해 형광등이 깜빡거릴 정도라는 증언도 나온다. "산업용 전기는 안정성이 중요하기 때문에 북한의 전기는 산업용으로 사용하기 어려운 수준입니다. 개성공단이 정상적으로 가동되던 시기에 전기는 남한에서 끌어다 쓴 것도 전기 품질 문제 때문이었고요."

최 대표는 북한에 화력발전소를 추가로 건설하거나 기존 발전소 설비를 업그레이드하기까지는 시간도 오래 걸리고 비용도 천문학적으로 발생한다고 지적한다. "전력 인프라를 처음부터 갖추려면 적어도 10년 이상 기간이 소요될 것입니다. 이렇게 되면 우리나라 기업이 북한에 진출하더라도 제대로 산업 활동을 펼치기 어렵겠죠."

열악한 북한의 전력 환경을 고려했을 때 송전이 현실적인 대안이 되기 어렵다는 지적도 나온다. 그래서 대신 나오는 목소리가 태양광을 비롯한 다양한 재생에너지와 거기에 연계된 에너지저장장치(Energy Storage System: ESS)를 설치하자는 주장이다. ESS는 쉽게 말하면 '대형 보조배터리'와 비슷한 설비다. 휴대전화나 보조배터리에 사용되는 2차 전지(리튬-이온 배터리)를 대량으로 설치해 태양광에서 생산한 전기를 저장해 낮이든 밤이든, 비가 오든 눈이 오든 저장 해둔 전기를 사용할 수 있게 된다.

"태양광 등 다양한 발전 방식을 도입해 지역적으로 전력 생산체계를 갖추는 것이 효율적입니다. 겨울이 오면 전력 공급은 난방 등 생존의 문제가 될 수도 있는 만큼 최단기간 안에 도입할 수 있는 방식을 채택해야 합니다." 우리나라에서 사용하는 태양광발전을 북한에 도입하면 낡은 화력·수력 설비를 업그레이드하는 것보다 더 효율적일 수 있다는 것이다.

에너지 공급은 북한에서 사업을 벌이기 위해서만이 아니라 북한 주민의 생존을 돕기 위해서도 필요하다. 우리나라보다 더욱 가혹한 겨울을 견뎌야 하는 북한 주민에게 최소한의 난방을 위한 에너지를 제공할 수 있는 장점도 있다. 태양광발전은 화력·원자력 등 주요 발전 방식과 다르게 지방 분산형 발전 시스템이기 때문에 각 지역에 맞는 규모로 설치할 수 있는 장점도 있다.

일각에서는 북한이 태양광발전에 적합한 지역이냐는 의문도 나오고 있다. 우리나라보다 추운 지역에서도 태양광발전이 충분한 효율을 내느냐는 질문은 충분히 제기할 수 있다. 하지만 태양광발전은 태양열발전이 아니기 때문에 기온이 아니라 일조량이 중요하다. 최대표는 "우리나라보다 공해가 적어 발전 효율은 충분히 나옵니다. 또한 북한보다 고위도에 자리한 국가들도 태양광발전을 하기 때문에 충분히 가능하죠." 최 대표와 함께 2005년 방북했던 멤버들은 당시 공해가 적어 조금만 돌아다녀도 피부가 까맣게 탔던 경험을 했다.

북한의 전력, 에너지산업 현황

북한의 전력 사정을 언급할 때 자주 회자되는 것이 우주에서 내려다본 '한반도의
야경' 사진이다.

2014년 국제우주정거장(ISS)에서 한반도의 야경을 찍은 사진이 공개됐다. 사진에
서 유일하게 어둠에 잠긴 국가는 북한뿐이다. 한반도만을 놓고 보면 휴전선을 기준
으로 남북의 차이가 극명하게 드러난다. 북한은 수도 평양만이 외로이 불을 밝히고
있을 뿐이다.

북한의 전력 공급은 주로 화력(석탄)과 수력 발전이 담당하고 있다. 통일부 등 관계
기관에 따르면 북한의 2015년 에너지 공급규모는 870만TOE(석유환산톤)로 1990년
2,400만TOE의 3분의 1 수준으로 떨어졌다. 에너지 생산설비 대부분이 제한적으
로 가동되거나 가동이 중단됐기 때문이다. 북한은 에너지 생산에 석유보다 석탄을
주로 사용하는 '주탄종유(主炭從油)' 에너지 수급정책을 펴고 있다. 석유 소비 비중
이 낮고 석탄의 소비가 큰 이유이다.

북한은 에너지 소비가 높은 군수산업 등 중화학공업 비중이 제조업의 70퍼센트이
며 생필품 생산 등을 위한 경공업에는 제한적으로 전력을 공급해 생산성이 낮다.
에너지 공급 증가를 위해 최근 수년간 신년 사설에서 전력 공급 최대화 및 석탄 채
굴량 확대, 채취공업 현대화를 거듭 강조한다. 만성적인 에너지 부족 현상으로 산
업가동률이 떨어지면서 대부분의 산업군의 가동률이 30퍼센트 안팎에 머무르고
있다.

2014년 국제우주정거장에서 찍은 한반도의 야경. 북한은 어둠 속에 잠겨 있다.
출처: NASA

북한의 1차 에너지 공급 구성비 추이					
	에너지 공급 (천 TOE)	에너지원별 공급 비중(%)			
		석탄	석유	수력	기타
1990	23,963	69.2	10.5	15.7	4.6
2000	15,687	71.7	7.1	16.2	5.0
2010	15,662	66.1	4.5	21.4	8.0
2015	8,700	45.2	11.6	28.7	14.5
2016	9,910	43.2	11.8	32.3	12.7

출처: 통계청, 에너지경제연구원

2016년 기준 북한의 발전설비 용량은 766만 kw로 한국의 1억 587만kwh에 비해 7.2퍼센트에 불과하다. 세부 항목을 살펴보면 2016년 기준 북한의 총발전량은 수력 128억kwh(53.6퍼센트), 화력 111억kwh(46.4퍼센트) 등 239억kwh로 한국의 총발전량 5,404억 kwh의 4.4퍼센트에 불과하다.

북한의 에너지 총공급은 1990년 2,390만TOE에서 2015년 870만TOE로 줄어들었다. 1인당 에너지 소비규모도 1990년 1.2TOE에서 2015년 0.36TOE로 급감했다. 에너지 공급이 축소되면서 1인당 에너지 소비량이 크게 줄었다. 1990년 이후 한국의 에너지 공급이 지속적으로 늘어나면서 남북 간 에너지 소비 격차가 계속 확대되고 있다. 총에너지 공급규모 격차는 1990년 3.9배에서 2015년 33배로, 1인당 소비량 격차는 같은 기간 1.8배에서 15.6배로 늘어났다.

북한은 화력보다 수력을, 석유보다 석탄 개발을 우선했다. 중소형 수력발전소 증설을 지속적으로 해왔지만 기존 설비가 노후화돼 수력발전량이 오히려 줄어드는 역설적인 결과가 발생했다. 1990년 수력발전량은 390만TOE에서 2015년 250만TOE로 줄어들었다.

에너지 수급이 부족한 상황에서 북한의 전력 공급은 군수산업 등 주요 기관, 기업소 중심으로 이뤄지고 있다. 이에 따른 주민 생활의 고충도 커지고 있다.

1990년대 중반 이후 주민들에 대한 전기 공급은 크게 줄어들었지만 '고난의 행군' 이후 각 도·시·군별 중소규모 수력발전소 건설이 확산되면서 일반 가정의 전력 상황은 다소 개선됐을 수 있다. 그러나 전반적으로 국가 전체적인 공급에서 부문별·지역별 자체 공급체제로 변화하면서 주민의 에너지난은 오히려 더욱 심화됐을 가능성이 크다.

북한 주민의 에너지 소비구조와 소비실태

구분		소비자	국가 공급 여부	공급 실태	부족분 대체
조명	전기	전체 주민	O	일부 공급	양초, 석유등 잔, 산업용 기 름등잔
취사	가스	평양 주민	O	일부 공급	석유 시장 구입
취사	석탄	지방도시 주민	O	거의 미공급	나무, 대패밥, 톱밥
취사	나무	농촌 주민	O	거의 미공급	볏짚, 옥수수 짚 등
취사	석유	평양 주민	O	일부 공급	시장에서 자체 구입
취사	석유	일부 지방 주민	×	자체	–
취사	전기 히터	일부 주민	×	자체	–
난방	온수	평양 주민	O	거의 미공급	석유 히터, 솔방울 등 자체
난방	석탄	지방도시 주민	O	거의 미공급	석탄, 나무, 대패밥, 톱밥 등 자체
난방	나무	농촌 주민	O	거의 미공급	일부 메탄가스 에 의한 난방 볏짚, 옥수수짚, 풀대
난방	석유 난로	일부 주민	×	자체	–
기타	가전 제품 전기	전체 주민	O	일부 공급	자동차 배터리 충전 이용
기타	배터리 충전 전기	일부 주민	×	자체	–
기타	전기 재봉 등 전기	가내수공업자	×	자체	–

수력에 주로 의존하는 북한에서 최대 규모의 수력발전소는 평안북도 삭주군 수풍 동의 수풍발전소이다. 압록강 물을 중력식 콘크리트댐으로 막아 큰 저수지를 조성 한 뒤 발전하는 댐식 발전소로 조·중 수력발전회사에서 관장하고 있다. 강수량의

큰 영향을 받아 평균 전력생산량이 고르지 못하다는 문제가 있다.

1940년 일본인에 의해 착공된 후 1944년 완공됐다. 해방 후 구소련의 무상원조로 10만kw급 발전기를 설치하고 중국에서 노동력을 제공받아 복구공사를 진행한 뒤 운영하고 있다. 연간 발전량은 약 40억kw이다.

북한의 대표적 화력발전소로는 평안북도 북창군 북창읍에 위치한 북창화력발전연합기업소의 북창화력발전소가 있다. 구소련의 지원을 받아 1961년 착공한 북한 최대의 복수식(復水式, 증기터빈에서 나오는 김을 식혀 다시 물로 만드는 방식) 화력발전소이다. 발전설비 용량은 총 160만kw로 북한 화력발전소 총 발전설비 용량의 절반 수준이다.

6

개성공단 1호 기업 에스제이테크

"개성공단이 다시 열리면 멈춘 공장을 재정비해 전기차 부품 같은 고부가가치 제품을 생산할 수 있는 기반으로 만들 것입니다. 그것이 회사가 재도약할 수 있는 가장 확실한 길이자 기회입니다."

개성공단 공식 1호 기업 에스제이테크의 유창근 대표는 '개성공단'이라는 단어를 들으면 언제 어디서고 가슴이 벅차다. 유 대표는 2004년 12월 1일 개성공단 시범사업을 시작할 때 가장 먼저 법인을 설립했던 승부사이다. 2003년 인천광역시 서구에 청라공장을 짓고 막 1년이 지난 뒤에 내린 선택이었다. 유 대표는 개성공단 1호 기업으로 입점했던 이유에 대해 다음과 같이 회고했다.

"개성시범사업단 모집 소식은 지인이 전해줘서 알 수 있었습니다.

당시에는 북한에 대한 어떠한 전문지식도 없었고, 인건비를 절감하겠다는 뚜렷한 목표도 없었습니다. 그러나 개성공단의 성장 가능성을 본능적으로 직감하고는 무작정 북한으로 가야겠다고 생각했죠."

유 대표가 경영하고 있는 에스제이테크는 포클레인이나 지게차 같은 특수차량에 쓰이는 부품인 실(seal)을 생산하는 회사이다. 또 대형장비가 도로를 주행할 때 발생하는 충격이나 진동, 소음을 줄여주는 댐퍼 등의 다양한 기능성 부품을 만들고 있다. 값싼 노동력이 회사의 경쟁력으로 직결되는 노동집약형 산업을 다루고 있지 않다. 그럼에도 유 대표는 개성공단 투자를 결정했다.

"공단에 투자한 금액을 가늠하면 약 200억 원에 달합니다. 처음부터 그만큼의 비용을 생각한 것은 아니지만 몇 차례 투자를 거듭하자 최초에 정부로부터 승인받은 금액보다 더 많이 투자하게 됐습니다."

에스제이테크는 이 같은 투자를 바탕으로 개성공단에 연면적 8,067.5제곱미터(약 2,450평)의 공장을 지었다. 또 북측 인력만 400명을 채용했다. 공장이 가장 활발하게 가동됐던 2011년에는 157억 원의 연매출을 거둘 정도로 사업성도 뛰어났다.

유 대표는 개성공단에 입주하고 나서 북한의 젊은 인재들이 갖춘 능력에 깜짝 놀랐다고 고백했다. 자동차 부품 생산공정의 특성상 3D캐드(CAD)를 비롯해 컴퓨터 프로그램을 활용해야 하는 작업이 많은데, 북한 근로자들이 이 같은 기술을 습득하는 속도가 말 그대로 '괄목상대(刮目相對)'할 수준이었다는 것이다.

"저희 회사는 개성공단 1호 기업으로서 공단을 위해 2004년부터

7년 동안 무상으로 북한 인력에 대한 정보통신기술(IT) 지원사업을 진행했습니다. 컴퓨터 같은 기본 장비는 물론 각종 하드웨어와 소프트웨어에 대한 유지보수 노하우까지 가르쳤죠. 그런데 당시 개성공단에서 교육한 북한 직원 중에는 김일성종합대학이나 김책공업종합대학 출신의 우수 인재가 굉장히 많았어요."

한번 가르쳐주면 바로 응용까지 하는 뛰어난 북한 인력 덕택에 공단 안에서 교육을 진행하면서 동시에 공장을 운영할 수 있었다는 설명이다. 에스제이테크의 경우 회사가 채용한 북측 직원 400명 중 약 100명이 연구개발(R&D) 연구원으로 근무했다. 회사는 이들의 역량을 살려 현대중공업과 두산인프라코어, 볼보 같은 주요 중장비 회사에 납품할 부품도 개발할 수 있었다.

"저임금 국가에 방문할 때면 직원들의 교육 수준에 아쉬움을 느끼는 경우가 많았습니다. 하지만 북한은 다르더라고요. 공단에 오는 인력들은 고등교육이 의무화됐고, 무엇보다 소통이 잘돼 공장 운영체계에 대한 적응력과 제품 품질관리 역량에서도 만족스러웠습니다."

그러나 개성공단을 통해 승승가도를 달리던 에스제이테크는 남북관계 악화를 계기로 큰 위기를 맞았다. 2010년 북한의 천안함 도발에 대한 대응으로 이명박 정권은 5·24 조치를 감행했다. 그 뒤를 이은 박근혜 정권은 대륙간탄도미사일과 핵무기를 동원한 무력도발을 더 이상 좌시하지 않겠다며 2016년 2월 개성공단 가동 중단을 결정했다.

"5·24 조치 당시까지만 해도 개성공단이 폐쇄될 것이라고는 생각

개성공단에 설립된 에스제이테크 공장 모습

하지 않았습니다. 오히려 성급하게 회사를 정리하다 아예 파산한 사례도 많았기 때문에 입주기업들 사이에서는 회비를 모아 버티자는 분위기가 강했죠. 그러나 2016년 2월 이후로 많은 것이 바뀌었습니다. 에스제이테크의 경우 개성에서 오랫동안 양성한 IT 인력 인프라를 한순간에 잃게 된 것이 너무 안타깝습니다."

에스제이테크가 잃어버린 또 다른 자산은 판매 네트워크와 시장에서의 신뢰다. 회사의 생산 기반 대부분을 개성에 두고 있던 상황에서 급작스러운 공단 폐쇄는 곧장 전면적인 생산 중단으로 이어졌다. 주문 받은 물량은 그대로 반납해야 했고, 오히려 그 과정에서 막대한 위약금을 물어야 할 때도 있었다.

"사업을 운영하는 과정에서 일정한 물량을 안정적으로 수주한다는 것은 그 자체로 보험을 든 기분입니다. 그런데 한순간에 그 몫이 사라지니 심리적인 부담감은 급증했습니다. 개성공단이 다시 열린다고 해도 그만큼의 주문이 바로 돌아온다고 장담할 수 없습니다. 개성공단에 입주한 다른 기업들이 불안한 이유도 이 때문이죠."

어렵게 쌓은 판매 네트워크가 회사에 대한 신뢰와 함께 무너진 상황에 유 대표는 지금 돌아봐도 '하늘이 무너지는 충격'이었다고 회고했다. 그러나 그는 곧장 경영 정상화를 모색했다. 남아 있는 시설 중 활용할 수 있는 기반을 확인하고 회사 경쟁력을 응집했다. 경기도 시흥시에는 2011년에 신설한 IT 연구소가 있었고, 물류공장처럼 쓰였던 청라부지를 개조해 생산공장화했다.

유 대표는 새로운 투자에도 과감했다. 2016년도에는 시화산업단지에 전기자동차 사업부를 신설했고, 2017년도에는 강원도 횡성 우천일반산업단지에 전기자동차 공장 투자를 시작했다. 연면적 1만 2,896제곱미터(약 3,900평)의 우천공장은 배터리 부품 생산동과 조립동, 도장동으로 나눠 운영될 방침이다.

"2018년 상반기 기준으로 회사의 생산 역량을 평가했을 때 개성공장의 30퍼센트 수준까지 생산성을 회복한 것 같습니다. 전기자동차 사업부를 중심으로 전기차 전용 배터리를 생산한 게 주요했습니다. 개성공단 폐쇄로 핵심 거점을 잃었음에도 회사는 2017년에 약 70억 원의 매출을 기록했습니다."

남북경협이 얼어붙은 기간에 유 대표는 자기계발을 통해 개인 스스로의 내실을 쌓았다. 그는 중앙대학교에서 북한개발협력을 주제로 석·박사 학위과정을 마치고 경영자로서의 철학을 제고했다. 또 문재인 대통령과 김정은 위원장 간의 남북정상회담이 끝난 직후인 2018년 5월부터 개성공단재개준비TF(태스크포스) 단장과 개성공단

기업협회 부회장 자리를 맡으며 기업과 정부 사이의 소통 통로가 됐다.

"개성공단은 남쪽의 시장경제와 북쪽의 계획경제가 처음으로 만나 서로 이해하는 묘목장 같은 역할을 했습니다. 또 오랜 기간 동안 이어진 문화적 단절을 극복하고 동질성을 회복할 수 있는 기회를 제공했습니다. 남북이 경제 협력 파트너로서 상생할 수 있는 가능성을 보여준 이곳을 폐쇄된 상태로 둬서는 안 됩니다."

유 대표가 바라는 앞으로의 개성공단은 단순 노동집약형 제조업을 넘어 첨단산업 분야 업체들이 시너지 효과를 이끌어내는 구조이다. 저임금 노동자가 필요한 업종을 위해서는 새롭게 북한 내륙 지역을 개발하는 것이 남북한 모두에게 긍정적이며, 개성공단은 안정성을 바탕으로 고부가가치 창출에 집중해야 한다는 설명이다.

"어떤 산업도 사양산업이라고 단언할 수는 없습니다. 섬유봉제만 하더라도 연구개발 과정을 거쳐 봉제 방식을 발전시킨다면 곧장 패션산업이 될 수 있습니다. 개성공단은 이를 위한 최적의 공간입니다. 처음 입주할 당시에도 공단은 최종적으로 유비쿼터스를 지향했습니다. 지금 말로 사물인터넷(IoT)을 활용한 스마트공장 아닌가요? 그래서 더욱 남북경협의 재개와 공단의 완성이 기다려집니다."

북한의 자동차산업

자동차산업은 대표적인 종합 기계공업 분야이자 장치산업 분야이다. 한 대의 자동차를 만들기 위해서는 철강을 비롯한 각종 금속과 고무, 유리 등을 원료로 한 약 2만 5,000개의 부품이 필요하다. 또 다양한 부품을 소비하는 만큼 전후방 산업과 연관성이 높아 각 분야의 기술 수준 성취도에도 많은 영향을 미치고 있다.

북한은 1950년대부터 "사회주의 공업국가로서 자동차만큼은 다른 나라에서 사다 쓰지 않고 자체로 생산하여 만들어 쓰겠다"는 방침을 세워 산업 육성을 위해 노력해왔다. 전후 3개년의 계획기간(1954~1957년) 동안 덕천자동차조립공장을 건설하고, 1958년에는 구소련의 제품을 모방한 2.5톤 산업용 화물자동차 '승리58'을 생산하며 본격적인 산업 활동에 나섰다. 그 결과 덕천자동차공장은 완공 당시 연간 1,200대의 자동차를 생산할 수 있는 능력을 갖추게 됐다.

그러나 60년이 지난 현재 북한의 자동차산업은 아직도 기초적인 단계에 머물러 있는 것으로 파악된다. 군수공업을 우선 발전시키는 '선군정책(先軍定策)'의 여파가 자동차산업에도 미쳐 연구개발 또한 군용과 화물용 자동차에 집중된 탓이다. 엎친 데 덮친 격으로 2016년 이후로는 UN의 대북 제재가 실시되면서 외국으로부터 자동차 부품 등을 공급받기 어려워져 북한 자동차산업은 악화일로를 걷고 있다.

현재 북한 내부의 자동차 제조 활동은 거의 정지된 상태로 추정된다. 통일부 북한 정보포털 자료에 따르면 북한의 연간 자동차 생산역량은 2014년도 기준 약 6만 3,000대이다. 그러나 북한 최대의 자동차 제조업체로 꼽히고 있는 평화자동차마저 2012년 11월 이후 자동차 생산을 거의 하지 않는 것으로 파악되고 있다. 평화자동차는 2013년도에 36종의 신차를 발표했으나, 업계 관계자들은 대부분 중국산 수입품으로 북한에서의 공정은 타이어나 배터리를 단순 조립하는 수준에 불과하다고 설명한다.

평화자동차 설립 이전까지 북한 자동차산업을 선도하던 승리자동차 또한 마찬가지다. 덕천자동차공장을 전신으로 한 이곳 공장은 현재 민간인을 대상으로 한 지프 차량과 소·중·대형 화물차, 각종 건설용 차량, 공용 버스 등을 생산하는 역할을 맡았다. 하지만 생산방식은 외국 차량을 수입해 국내에서 간단히 개조를 하거나, 이미 조립된 부품을 단순 결합하는 완전조립생산(Completely Knock Down: CKD) 방식을 따르는 실정이다.

이 같은 상황에서 북한은 현재 자동차 수요 대부분을 수입을 통해 해소하고 있다. 수입의존도가 가장 큰 국가는 중국으로, FAW(一汽), DFM(東風), BYD(比亞迪), 창안(長安), Great Wall(長城), BESTURN(奔騰), HAWTAI(華泰), Brilliance Auto(華晨), 중화(中華) 등이 주요 공급사이다. 중국에서 생산된 자동차와 부품은 북한의 승용차, 경찰차, 택시, 트럭 산업 분야에서 쓰이고 있다.

하지만 북한의 지속적인 군사 도발로 국제사회의 대북 경제 제재가 강화되며 변수가 발생했다. 북한으로 유입되는 차량과 부품 양이 급감한 것이다. 통계청이 제공하고 있는 북한의 품목별 수입액을 보면 차량 및 부품 항목은 2016년도 대비 2017년도에 약 21.7퍼센트 감소했음을 확인할 수 있다. 한국개발연구원의 〈북한경제리뷰〉 2018년 2월호에서는 같은 기간 북한의 대중 수입물량은 각종 자동차 및 부품 분야에서 43퍼센트, 철강 분야에서 9퍼센트 감소했다고 분석한다.

김정은 정권 출범 이후 북한의 자동차산업은 항상 격변기에 있었다. 북한의 경제특구 개발이 진행되고 2016년 발표된 '국가 경제발전 5개년 계획(2016~2020)'이 추진되면서 북한 내부에 상용차 수요가 급격하게 늘어난 탓이다. 이전에는 3,000대 규모를 넘지 않던 수요가 최근 몇만 대까지 늘었다는 평이다.

지금까지 이 같은 수요를 해결해온 것은 상당수가 중국에서 수입된 물량이었다. 그러나 국제사회의 대북 경제 제재 강화로 다수의 중국 기업들은 북한과의 교류를 중단하고 있다. 우리 기업에는 더없이 좋은 기회다. 거래가 재개될 시점까지 충분한 준비를 한다면 그사이에 벌어진 틈을 기꺼이 비집고 들어갈 수 있을 테니 말이다.

남북한 자동차 생산 역량 비교(단위: 만 대)

구분	2005	2006	2007	2008	2009	2010	2011	2012	2013	2014
한국	469.5	463	468.2	488.8	488.2	488	487.9	487.2	498.4	498.9
북한	4.3	4.3	4.3	4.3	4.3	4.3	4.3	4.3	4.3	6.3

출처: 통계청

남북한 자동차 생산 대수(단위: 천 대)

구분	2007	2008	2009	2010	2011	2012	2013	2014	2015	2016
한국	4,086.3	3,826.7	3,512.9	4,271.7	4,657.1	4,561.8	4,521.4	4,524.9	4,556.0	4,228.5
북한	4.6	4.7	4.4	4.4	4	4	4	4	3.5	3.8

출처: 통계청

북한의 차량 및 부품 항목 수입액 변동사항(단위: 천 달러)		
차량 및 부품	북한 수입액	증감률
2012	240,613	3.7
2013	255,887	6.3
2014	231,254	−9.6
2015	197,870	−14.4
2016	260,604	31.7
2017	203,978	−21.7

출처: 통계청

북한의 주요 자동차공장 현황			
공장명	소재지	규모	생산제품
승리자동차 종합공장 (구 덕천자동차 공장)	평남 덕천	부지 25만㎡ 종업원 25,000명 1급 기업소	승리호, 자주호, 건설호, 금수산호, 백두산호(승용차), 충성호(마이크로버스), 군용 트럭 및 포차, 수륙양용차
평화자동차	평남 남포	부지 100만㎡ 종업원 340여 명	휘파람, 뻐꾸기 Ⅰ·Ⅱ·Ⅲ, 뻐꾸기4WD, 준마, 삼천리, 창천, 쌍마
평성자동차 공장	평남 평성	부지 24.8만㎡ 종업원 7,000~8,000명	갱생69호, 갱생 69-나형, 태백산호, 장갑차, 지프차
청진버스공장	청진시	부지 8.2만㎡ 종업원 13,000명	집산-86호, 집산-88호 버스
평양무궤도전 차공장	평양시	부지 6.3만㎡ 종업원 5,000명	천리마호(버스), 마이크로버스, 광복소년호, 서기련호
3월30일공장 (평양탄광 기계 공장)	평양시		대형트럭
함남연결차 공장	함흥시		트레일러
근평합영회사	평양시		금매(대형트럭)
평운중성 합영회사	평양시		금강산(여객버스), 천만리(화물차)

출처: 통일부 북한정보포털

중국의 대북 자동차 및 자동차 부품 수출 동향(단위: 천 달러, %)									
연도	10인 이상 승합차		승용차		화물차		자동차 부품		합계	
	수출액	증감률	수출액	증감률	수출액	증감률	수출액	증감률	수출액	증감률
2012	17,052	32.8	38,811	10.6	141,217	−3.4	2,320	−10.8	199,400	1.3
2013	16,391	−3.9	38,512	−0.8	143,282	1.5	3,081	30	201,266	0.9
2014	13,540	−17.4	24,551	−36.2	108,664	−24.2	3,549	17.6	150,304	−25.3
2015	13,364	−1.3	21,378	−12.9	108,119	−0.5	2,285	−35.6	145,146	−3.4
2016	20,582	54	24,468	14.5	147,244	36.2	1,911	−16.4	194,205	33.8
2017	22,942	11.5	27,191	11.1	70,112	−52.4	4,287	124.3	124,532	−35.9

출처: KITA

7

북에 인터폰공장 세운
코맥스

개성공단 외에도 북한에 진출해서 제품을 생산했던 기업이 있을
까? 물론 있다. 이런 기업들은 주로 경영자가 북한이 고향이거나 피
란민 부모님의 슬하에서 자란 경우가 많다. 도어폰으로 유명한 중견
기업 코맥스의 변봉덕 회장은 북한이 고향인 기업인이다. 전 세계를
누비며 수출 주도 성장에 기여해왔지만 여전히 성과를 거두지 못한
나라를 단 한 곳 꼽는다. 바로 고향, 북한이다.

"50년 동안 기업을 경영하며 전 세계를 누볐지만 고향에서는 성
과를 거두지 못했습니다. 고향 땅을 다시 밟고 공장을 다시 한 번 지
어내 두 나라를 잇는 작은 주춧돌이 되고 싶은 꿈을 가슴속에 품고
살아갑니다."

1968년 설립돼 2018년 50주년을 맞은 코맥스는 인터폰 제작으로 시작해 지금은 사물인터넷·인공지능을 활용한 홈 IoT 제품을 생산하는 기업이다. 전 세계 130여 개 나라에 제품을 수출하고, 정부가 선정한 전통의 강소기업(중소벤처기업부 선정 명문장수기업)이기도 하다. 코맥스를 설립해 지금의 회사로 일궈낸 변봉덕 회장(69)은 1939년 평양에서 태어났다. 당시 아버지가 개인병원을 운영해 부유한 유년 시절을 보내던 그는 열두 살이던 1950년, 6·25 전쟁 때 대동강을 건너다 가족과 떨어져 이산가족이 되어 아등바등 살아왔다.

"반찬 투정하며 부유하게 지내다 당장 밥 구걸하는 신세가 되자 눈이 번쩍 떠지더군요. 대동강변에 두고 온 부모님 생각이 간절했지만 어떻게든 먹고살려고 일을 가리지 않았습니다. 구두닦이부터 신문팔이, '아이스케키' 장사는 물론 나중에는 '양키 만화' 번역까지 도맡아 했습니다."

바닥부터 구르며 일가를 이뤄낸 그였기에 기업을 하면서도 서류가방 하나 들고 일본, 미국을 찾아다니며 물건을 팔았다. 그렇게 회사를 키우던 1997년, 예상치 못한 기회가 그를 찾아왔다. "당시 김영삼 대통령이 김일성을 만난다는 등 화해 분위기가 한창 조성되던 때였습니다. 그러던 중 북한에서 먼저 우리 회사에 연락이 왔어요. 북한은 통신산업이 약하니 직접 투자해서 공장을 지어달라더군요. 고향이 평양인 만큼 좋은 기회라고 생각했습니다."

변봉덕 회장은 북한 관계자를 중국 베이징에서 직접 만나는 등 준비 끝에 평양 대동강변의 공장에 생산설비를 넣고 공장 가동에 성공했다. 하지만 기쁨은 불과 7~8개월 만에 끝났다. "당시 북한은 물류를 위한 교통은 물론 북한 당국자들도 기업 경영, 산업에 대해 이해를 갖추지 못하고 있었습니다. 노동자들도 어차피 배급만 받으면 그만이니 일을 열심히 할 유인이 부족한 상황이었습니다. 또 당국자가 출근하지 말라고 지시하면 그날 공장은 손 놓고 기다리는 것 말고는 방법이 없는 지경이니 도저히 공장을 운영할 수 없다는 판단에까지 이르게 됐죠."

북한이 남한, 미국, 중국 등과 관계를 흔들 때마다 변 회장은 평양에 있는 공장이 돌아가는지, 중단됐는지조차 알지 못하고 발만 동동 굴러야 했다. 고생 끝에 제품을 만들어도 통관·물류 운송에 막대한 시간과 비용이 들었다. "대동강 하구의 남포항에서 인천까지 물류를 직접 할 수가 없던 상황이었기에 중국을 거쳐야 했습니다. 그러다 보니 유럽 끝의 영국 런던까지 제품을 보내는 것과 맞먹는 비용이 들지 뭡니까?" 게다가 평양 사람을 한 번 만나려면 6개월씩 반공교육을 받아야 해 직접 사업장 관리하는 일도 사실상 불가능한 상황이었다.

변 회장은 평양에서 공장을 꾸준히 가동하는 데에는 실패했지만, 당시 공장을 가동하면서 북한 사람들이 어떤 생각을 갖고 있는지 더잘 이해할 수 있었다고 회상했다. 그는 "평양 사람들은 생각보다 순박하고 가르쳐준 대로 열심히 일하려는 사람이 많았습니다. 그러면서 한편으로는 굉장히 자존심도 세더군요. 베이징에서 북한 사람을 만나 공장 설립을 위한 회의가 한창이던 시절, 북한 노동자는 중국 노동자보다 숙련도가 떨어지니 중국보다 낮은 인건비를 제안했습니다. 그런데 협상에 나선 북한 사람이 벌컥 화를 내더군요."

당시 협상에 나선 북한 당국자가 "우리가 왜 중국보다 낮은 돈을 받고 일을 해주느냐, 중국보다 무조건 높은 임금을 달라"고 무작정 화를 냈다는 것. 북한에 시장경제체제가 갖춰지지 않아 경쟁력을 높이려면 생산 단가를 낮춰야 한다는 개념조차 갖추지 못했기 때문에 벌어진 해프닝이었다.

변 회장은 평양 공장을 포기하기 전 북한에 새로운 아이디어를 던졌다. 비무장지대(DMZ)에 남북이 편하게 오갈 수 있는 장소를 만들자는 것. "당시 새로운 경협 장소로 DMZ를 제안하자 북한에서는 오히려 개성 지역에 하는 것이 어떻겠냐고 역으로 제안해왔던 기억이 납니다. 당시에도 군부 반대가 심했는데, 결국 2004년 개성공단 가동으로 결실을 맺었던 셈입니다."

개성공단은 2004년 가동 이후 세 차례에 걸쳐 가동이 중단되며 입주기업이 어려움을 겪었다. 코맥스도 개성공단에 입주를 시도했었다. 코맥스도 개성공단에 부지 2,000여 평을 준비해 공장 건립을 준비하고 있었지만 2008년 관광객 피살 사건으로 모든 것이 엎어졌다.

그럼에도 변 회장은 기회가 되면 다시 한 번 북한 진출을 꿈꾸고 있다. 앞뒤 가리지 않고 진출하겠다는 것은 아니다. "정치적 화해가 정말 안정적인 수준으로 선행된 다음에야, 그러니까 북한이 진정성을 보여야만 남북경협이 다시 시작될 수 있을 겁니다. 지금도 개성공단에 진출했던 기업인들이 눈물 흘리며 공단 개방만을 기다리고 있지 않습니까. 개성공단 사업이 재개될 수 있지 않겠습니까."

변 회장은 평양에서 태어나고 이후 평양에 2번, 개성에 3번 방문해 북한을 잘 아는 사람이다. 북한을 알기에 오랜 시간 남과 북으로 갈라져 지내 생긴 서로의 편견이 아쉽기만 하다. 씁쓸한 일화도 있다. "우리 아이들이 한창 자라던 시절만 해도 학교에서 반공 포스터를 자주 그렸습니다. 그러면 아이들이 보고 자란 게 있으니 북한 사람을 새빨간 피부에 까맣고 뾰족한 뿔과 꼬리가 달려 있는 모습으로 그리더군요. 그 모습을 보고 아이들에게 "그럼 아빠는 어떻게 생겼어?" 하고 물은 일이 있습니다. 아이들은 당연히 "아빠는 아빠지~" 하고 말더군요."

그 시절에야 북한 사람을 악마로 생각하는 분위기가 만연했지만, 앞으로 오는 세대에서는 기업인으로서 남과 북에 생긴 오해와 편견을 녹여내고 화합의 장을 그려내는 것이 변 회장의 꿈이다. "기업이 할 수 있는 일은 북한에 진출해 서로 스킨십을 늘리고 경제 자립을 도와 교류의 물꼬를 트는 일이죠. 평양이든 개성이든 우리 코맥스의 깃발이 펄럭이는 날을 꿈꾸고 있습니다."

그는 기업가인 만큼 화해에 더해 경제교류 자체 효과에도 주목하고 있다. 변 회장은 "우리는 장기적으로 북한의 지하자원과 희토류를 이용할 수 있고, 우리는 북한의 자립에 도움을 줄 기술을 전파해 줄 수 있으니 서로 윈윈(win-win)이지 않겠습니까. 정치적 화해는 외풍에 흔들리는 경우가 많은 만큼 경제적 화해가 더해졌을 때 남북한의 화해도 더 끈끈해질 겁니다. 민족 간 화해와 통일을 위한 디딤돌 역할을 기업이 할 수 있다면 큰 영광이지 않겠습니까?"

너털웃음을 보이는 나이 일흔의 기업인은 여전히 꿈을 향해 달리고 있다.

북한의 IT산업

북한이 정의하는 정보통신(IT)산업은 남한이 규정하는 IT산업과 대동소이하다. 즉 정보기술과 관련된 설비를 만들거나 정보의 생산, 수집, 가공, 처리, 보관, 제공 등을 효율적으로 수행하기 위해 통신기술을 이용하는 산업을 IT산업으로 정의한다. 컴퓨터 기술, 프로그램 기술, 정보처리 기술, 정보전송 기술, 정보서비스 기술도 IT 산업에 포함된다. 북한에서 말하는 IT산업은 크게 컴퓨터·통신기계 설비의 하드웨어 산업과 그 안에 들어가는 소프트웨어, 통신·방송 서비스 산업으로 구분된다.

통일부에 의하면 북한이 IT산업 육성에 나선 것은 1998년 최고인민회의 제10기 제1차 회의에서 '과학기술발전 5개년 계획'을 제시하면서부터이다. 북한은 이때부터 학생들의 컴퓨터 교육에 관심을 기울이기 시작했으며, 이듬해 김일성종합대학에 컴퓨터과학대학을 설치했다. 1999년 11월 정보통신 부문을 전담할 주무부서인 전자공업성도 만들었다.

2000년대부터는 금성 제1, 2 고등중학교, 김일성종합대학, 김책공업대학에서도 IT 교육을 실시하기 시작했다. 2003년에는 최고인민회의 상임위원회의 정령으로 '컴퓨터 소프트웨어 보호법'을 제정했으며, 2004년에는 '소프트웨어산업법'을 만들었다. 북한은 2006년 4월 최고인민회의 제11기 4차 회의 때 2022년까지 '과학기술강국'으로 도약하겠다고 선포하기도 했다. 2008년부터 2012년까지 3차 과학기술발전 5개년 계획, 2013년부터 2017년까지 4차 과학기술발전 5개년 계획을 수립했다.

국제전기통신연합(ITU)에 의하면 북한의 국내유선통신망은 2013년 유선전화 회선 수 기준으로 약 118만 회선으로 추정되고 있으며, 인구 100인당 회선수는 4.74회선가량이다. 북한 유선통신으로는 유선방송(제3방송), TV 방송이 있으며 이는 전국 각 지역에 설치돼 있다. 하지만 TV 방송은 보급률이 저조해 일부 주민들만 TV 시청이 가능하다.

무선통신도 있다. 통일부에 따르면 북한은 이집트 이동통신사인 '오라스콤'과 합작투자해서 3세대이동통신(3G)사인 체오(서비스망, '고려링크')를 설립하고 2008년 12월 중순부터 상용 서비스를 시작했다. 2013년 하반기에는 고려링크와 별도로 '강성네트망'이라는 제2의 이동통신 서비스도 만들었다. ITU가 추정하는 북한의 이동통신 가입자는 2009년 말 6만 9,000대, 2011년 말 100만 대, 2014년 말 240만 대에 달한다.

북한 OS '붉은별'을 아시나요?

과학기술정책연구원(STEPI)에 따르면 북한은 2010년 컴퓨터 운영체제(OS) '붉은별'을 상용화했다. 붉은별은 리눅스를 기반으로 한 OS로 마이크로소프트(MS)의

윈도우와 유사하다. 북한의 최대 컴퓨터 관련 기관으로 꼽히는 북한컴퓨터센터(KCC)가 자체 개발한 것으로 알려져 있다. 여러 차례 업그레이드를 통해 2017년 말 붉은별 4.0 버전까지 개발한 상태다.

과학기술정책연구원에 의하면 붉은별에는 우리가 널리 사용하는 오피스 프로그램에 해당하는 통합사무처리 프로그램 '우리21', 남한의 '한글' 프로그램과 비슷한 워드 작성 프로그램 '글', 마이크로소프트의 파워포인트와 유사한 '선전물' 프로그램도 탑재돼 있다.

백신 프로그램인 '비루스 왁찐', 웹브라우저 '내나라'도 개발한 것으로 전해진다. 비루스 왁찐을 사용하면 40만 개가량의 바이러스를 치료할 수 있으며, 웹브라우저를 클릭하면 북한의 대표 사이트인 '한마음', '중앙과학기술통보사'에 접속할 수 있다.

북한 사람들도 스마트폰 씁니다

"북한에도 스마트폰이 있나요?" 우리는 스마트폰을 하루라도 사용하지 못하면 금단 현상까지 생길 만큼 스마트폰에 중독돼 있지만, 북한 사람들은 어떨까? 북한에도 스마트폰이 있을까? 있다면 우리처럼 언제 어디서나 사용할 수 있을까? 몰래

북한 IT 산업의 분류	
구분	종류
하드웨어 (정보통신기계 설비)	• 컴퓨터 본체 및 부속 장치
	• 사무용 기계
	• 유선전기통신 및 무선통신기계설비
	• 각종 측정기계 설비, 전기음향기계 설비, 라디오 및 TV, 녹화기계 설비
	• 반도체소자, 집적회로, 자기테이프, 자기디스크·전자부분품을 포함하는 일체 부분품
소프트웨어 및 봉사 (서비스)	• 프로그램의 작성 및 봉사
	• 컴퓨터 처리 및 자료 준비
	• 정보검색 봉사
	• 영화 및 녹화물 제작
	• 전신전화, 라디오와 TV 방송, 케이블 TV 방송 등

출처: 통일부 북한정보포털

사용해야 할까? 사용하다가 걸리면 정치범수용소 같은 곳에 끌려가는 건 아닌지. 결론부터 말하면 북한에도 스마트폰이 있다. 다수의 북한 전문가들은 지금으로부터 10년 전쯤 북한에 스마트폰이 등장한 것으로 추정한다. 처음에는 북한의 소수 권력자, 부유층만 스마트폰을 소유할 수 있었지만 지금은 평범한 사람들도 스마트폰을 가질 수 있다. 하지만 스마트폰의 가장 핵심적인 기능인 인터넷은 사용할 수 없다. 국영 인트라넷에 연결된 애플리케이션(앱)은 사용 가능하다. 앱을 다운로드받기 위해서는 인터넷에 연결해야 하지만 오프라인 매장을 직접 방문해야 한다.

한국과학기술정보원이 2016년 펴낸 「북한 이동통신시장 동향」 보고서에 의하면 북한은 노동당의 통제를 받는 이동통신사 '강성네트'를 2011년 출범했다. 강성네트는 3세대 광대역 부호 다중 분할 접속(WCDMA) 방식의 이동통신 서비스를 지원하며, 고위 간부 혹은 외국인에게는 3G 데이터 서비스도 제공한다.

8

북 산림 복원 프로젝트 수프로

"남북관계가 다시 복원되고 경제협력 길이 열린다면 평양 인근으로 한달음에 달려가 제가 심었던 나무들을 보고 싶습니다. 그 나무들은 무분별한 벌목으로 거의 다 민둥산이 된 북한 녹지를 복원할 수 있는 씨앗입니다."

국내에서 조경나무 유통사업을 하고 있는 채일 수프로 대표에게 북한은 미완의 땅이다. 만 10년이 넘는 기간 동안 북녘 땅으로 각종 식물들을 꾸준히 보냈지만 채 대표의 구상은 아직 이뤄지지 않았다. 그의 최종 목표는 황폐화된 북한 녹지를 다시 푸르게 회복시키는 것을 넘어 그곳에서 자란 나무로 외국 조경시장에서 수익을 창출하는 것이다.

채 대표가 북한 묘목사업을 시작하게 된 계기는 개성공단이다. 2006년 5월 개성공단 조경공사 수목공급 계약을 따내고 공단 전역에 가로수 17만 그루를 심은 것이 발단이다. 이를 계기로 그는 2016년까지 조경사업에 필요한 잔디와 꽃 등 각종 식물을 포함해 100만 그루 이상의 묘목을 보냈다. 돈으로 따졌을 땐 40억 원에 달하는 수준이다.

"당시 북한의 녹지 상태를 돌이켜보면 '헐벗었다'는 말이 정확했습니다. 안 그래도 땔감 조달을 위한 벌목이 빈번했는데, 주민들은 고질적인 식량난을 해결하기 위해 산에 불을 내고 옥수수 농사를 지었습니다. 그 광경을 보니 북한의 녹지 복원사업을 성공시키고 싶은 마음이 더욱 커졌습니다."

개성공단 조경사업을 마칠 때 즈음인 2008년, 채 대표는 특별한 인연을 만났다. 현대아산의 대표이사 겸 부회장으로 재직하다 2006년부터 독자적으로 대북 사업에 나선 김윤규 아천글로벌코퍼레이션 회장을 만난 것이다. 어느 자리에서고 대표적인 남북경협 기업인으로 꼽혔던 김 회장은 남북경협에 활발하게 참여했던 100여 명의 중소기업인들을 모아 평양을 방문했다. 전세기를 타고 일주일간 평양에 머무르는 일정이었다.

채 대표는 당시의 평양 방문을 계기로 머릿속으로 구성하던 북한 녹지 복원사업의 수준을 한층 끌어올렸다. 북한에 양묘장을 조성한다는 사업 아이템이 그때 발굴됐다. 양묘장은 식물의 씨앗이나 묘종, 묘목 등을 심어서 기르는 곳을 말한다. 북한에 안정적인 수목을 공급하기 위해서였다.

"나무들도 북한에 들어가기 위해서는 통상 무역품과 동일한 절차를 밟아야 합니다. 다만 흙을 달아서 가다 보니 검역절차가 강화되기도 합니다. 이 과정 동안 생육 조건에 완벽하게 부합하지 못한 채로 이동하는 나무들은 빠른 시간 안에 옮겨지지 않으면 금방 죽죠. 북한 현지에 양묘장이 조성된다면 이 문제를 해결하고 양질의 나무를 수급할 수 있습니다."

채 대표의 제안은 당시 북한 당국자들에게도 좋은 반응을 얻었다. 폭우가 내리면 북한의 민둥산은 무너지기 일쑤였고, 활용하지 못하는 부지가 많은 상황에서 양묘장 사업은 많은 투자를 하지 않고서도 진행할 수 있는 일이었다. 또 재원이 풍부하지 않았던 상황에서 수프로의 비즈니스 모델은 통일부나 비정부기구(NGO) 단체들로부터 무상원조를 받아 근근이 양묘장을 꾸려가는 과거의 모델에서 탈피할 수 있는 기회였다.

하지만 야심 찬 사업은 과실을 거두지 못했다. 한반도를 둘러싼 기류가 바뀌기 시작하면서 사업 여건 또한 급변했다. 2010년이 커다란 변곡점이었다. 북한은 천안함 도발을 강행했고, 이명박 정권은 5·24 조치를 감행하며 그에 응대했다.

"시간이 지날수록 경색되는 남북관계 속에서 새로운 사업을 진행한다는 것은 쉽지 않았습니다. 결국 직접 양묘장을 조성하는 사업은 무산됐고, 각지에서 온 여러 단체에게 틈틈이 수목관리 기술 노하우를 전수해주는 선에서 멈추게 됐습니다."

그러나 채 대표는 남북경협이 단절돼 어려움을 겪으면서도 계속해서 교류를 시도했다. 천안함 폭침 사태로 남북관계가 최악이었던

2010년에는 중국을 거쳐 평양 중화군에 산림 복원을 위한 소나무 묘목 29만여 그루를 보냈다.

"당시 재미교포 등 한국과 연이 있는 외국인들이 중심이 된 인도적 지원 시민단체나 기독교 단체들이 북한에 자주 왕래했습니다. 그들의 도움으로 냉장 컨테이너에 묘목을 실어 북한으로 보낼 수 있었죠. 이전에 보낸 수목들도 잘 자라고 있는지 생육 정보도 간접적으로 받아 피드백을 줄 수 있었어요."

수프로는 이를 계기로 북한 지역에서 주로 자라는 식물들의 씨앗을 얻을 수 있었다. 대표적인 사례가 장백송으로도 불리는 백두산 미인송이다. 채 대표는 중국을 거쳐 백두산에 들어가 미인송의 씨앗을 채취했고, 회사의 식물환경연구소는 이를 강원도에서 키워냈다. 이때 자란 소나무 중 2만 5,000그루가 2015년 4월 '겨레사랑 숲 조성' 프로젝트를 통해 평양 인근 지역으로 공급됐다.

겨레사랑 숲 조성 프로젝트는 채 대표 일생일대의 과업이다. 큰 골자는 해외동포나 공공단체 등 기부자의 이름으로 나무를 심어 숲을 조성하고 수익도 창출한다는 것이다.

"해외동포를 포함해 기부자 이름으로 나무를 심어 북한의 황폐한 산림 회복에 나선다면 민간 영역에서도 새로운 교류사업을 이끌어낼 수 있을 겁니다. 또 '백두혈통'이 굉장히 신성하게 여기는 백두산 미인송을 북한 지역 양묘장에서 키울 수 있다면 확실한 상품이 생기는 셈입니다. 저희의 역할은 특수용기를 활용한 시설 양묘기술을 접목해 수출경쟁력을 갖춘 고품질의 수목을 육성하는 것입니다. 북한 양묘장 사업이 새로운 비즈니스 모델이 될 수 있는 거죠."

수프로는 동시에 회사의 내실을 다지기 위한 활동에 나섰다. 2010년부터 기업 양묘장 사업을 추진하고, 전국 7개소에 43만m²(약 13만 평) 규모의 생산기지를 갖췄다. 또 2012년에는 전라남도 강진에 위치한 수프로 가르고 파크를 중심으로 20만m²(약 6만 평) 규모의 기업 양묘장을 완공하고 난대 조경수 생산에 나섰다.

또한 회사의 사업 영역을 넓히는 작업에 나섰다. 유통사업부를 중심으로 수목 유통 네트워크를 다졌고, 조경공사와 생태 복원 노하우를 살려 자연환경 복원사업에도 진출했다. 또 2009년 1월에 신설한 도시녹화 생산사업부의 역할을 강화해 회사 소유의 수목을 생산하고 수프로의 부가가치를 극대화했다. 부가가치가 낮은 임야나 논밭 같은 토지를 개발해 다기능·다목적 공원을 구축하고 부가가치를 높이는 아그로파크(Agro-Park) 조성사업도 이때 시작됐다. 수프로는 이 같은 사업을 바탕으로 2017년에 약 240억 원의 매출을 거뒀다.

"남북관계가 최악의 상황으로 치닫는 동안 저희 회사가 찾은 또 다른 활로는 해외시장 공략입니다. 2008년 한국국제협력단(KOICA)의 의뢰를 받아 중국의 8대 사막 중 하나인 내몽골 자치구 우란부허 사막의 확산 방지사업이 시작이었습니다. 100만m²(약 30만 평) 규모의 방사·방풍림을 조성하고 자신감이 생겼습니다."

수프로는 현재 해외 생태 복원사업 역량을 높이고 있다. 남북경협 과정에서 긴밀한 관계를 쌓아온 현대아산과의 협업이 탄탄한 기본기가 됐다. 2012년 12월부터 2015년 6월까지 현대아산과 함께 키르기스스탄에, 또 2014년부터 2017년까지는 우즈베키스탄에 산림 복원과 조림사업을 진행했다. 2016년에는 튀니지 코르크 참나무숲 복원사업에도 나선 바 있다.

"환경문제가 심화되고 각 나라의 경제 수준이 올라가면서 생태 복원은 중요한 이슈가 됐습니다. 중국만 하더라도 조경수를 바라보는 시선이 달라졌습니다. 하지만 지금 바로 현장에 조달할 수 있는 물량은 생각보다 많지 않아요. 조경수로 사용하기에 적당한 나무는 수령이 20년에서 30년 사이인 것인데, 그 연령대의 나무가 많지 않습니다. 수프로는 이 틈을 노려 적극적인 시장 공략에 나설 것입니다."

채 대표가 이렇게 다양한 사업에 매진하는 것은 그것이 곧 남북경협이 재개됐을 때 가장 빠르게 그의 목표를 이룰 수 있는 길이기 때문이다.

"지금까지 쌓은 경험은 어디로 가지 않습니다. 북한에 조경수를 공급할 때가 그랬고, 또 해외 각지에서 생태 복원을 할 때가 그랬습니다. 북한으로 갈 수 있는 길이 열리면 국내외로 구축했던 네트워크를 되살려 경제 부양효과까지 있는 북한 도시녹화사업을 이끌겠습니다."

9

북녘 강산 푸르게 유한킴벌리

"2018년 가을에 강원 화천 양묘센터에서 소나무 15만 본이 첫 출하됩니다. 기회가 되면 이 묘목들을 북측이나 비무장지대의 숲 복원에 활용할 계획입니다."

생활위생용품 전문업체 유한킴벌리는 남북한 경제협력 재개 가능성에 어느 기업보다 고무돼 있다. 정부가 남북관계 개선을 위한 사업 중 UN의 대북 제재에 해당하지 않는 사업부터 북한과 협의를 통해 시작할 계획인데, 그 가운데 북한의 조림(造林)을 돕는 사업이 가장 유력시되고 있기 때문이다.

특히 이낙연 국무총리는 2018년 5월 경북 봉화군에서 열린 '국립백두대간수목원 개원식'에서 축사를 통해 "북한 조림 지원을 위해 필요한 준비를 산림청과 지방자치단체들이 함께 갖추도록 하겠다"
며 "수목을 비롯한 생물자원의 보존과 연구에 남북이 협력하는 날
이 빨리 오길 바란다"고 강조하기도 했다.

유한킴벌리는 지난 1984년 '우리강산 푸르게 푸르게' 캠페인을 시
작하며 국내 국·공유림에만 2,500만 그루 이상의 나무를 심었다. 민
간기업 중에서 나무 심기 운동을 가장 활발히 벌이는 기업으로 '우
리강산 푸르게 푸르게'는 '나무 심기' 행사와 동일시되고 있다.

특히 국민들의 '숲 체험'을 장려하기 위해 1988년 처음 도입한 '숲
체험 여름학교 그린캠프'는 벌써 30주년이 됐다. 2018년 8월 강원도
횡성군 청태산 자연휴양림에서 열린 30주년 행사에는 100여 명의
여고생과 30명의 대학생 체험단이 참여해 숲과 자연을 몸소 체험하
며 미래 환경 리더로서의 꿈을 키우기도 했다.

남한에서 조림 활동을 주로 해온 유한킴벌리는 남북 화해 분위기
가 팽배하던 1999년 북한 지역으로 나무 심기 운동을 확대하겠다는
계획을 밝혔다.

1999년 당시 정부, 시민단체, 기업 등이 북한의 산림 복구를 지원
하기 위한 범국민협의체인 '평화의 숲'이 출범했는데 유한킴벌리도
여기에 합류했다. 당시 문국현 유한킴벌리 사장은 첫해 사업으로 북
한의 산림 복구를 위한 전문가회의를 열고 씨앗, 묘목, 비료 등을 지
원하기 위해 모금운동도 펼치겠다는 계획을 발표하기도 했다.

이후 2008년까지 유한킴벌리는 사단법인 '평화의 숲'과 함께 북
한 지역에 총 1,300만 그루(종자 지원 포함) 이상의 나무를 지원했다.

유한킴벌리의 북한 조림사업은 수익사업이 아닌 지원사업의 일

환으로 진행됐다. 지원사업의 취지를 살리기 위해 남한의 신혼부부들과 함께 주로 북한 고성군 지역에서 식목 행사를 열었는데, 2006년에는 문 전 대표도 금강산 지역 식목 행사에 참가하기도 했다.

유한킴벌리 관계자는 "당시 금강산 산불 피해 지역 등에서 산림 복원 활동을 펼쳤고, 평양 양묘장 조성과 운영·임업장비·비료 등을 지원했다"며 "2008년 이후 지원 활동이 10년간 중단돼 평양 양묘장이 제대로 관리가 되고 있을지 걱정된다"고 말했다.

원래 금강산이 있는 고성군 금천리는 잣나무 숲이 울창한 지역이었다. 하지만 40여 년 전 산불 피해로 황폐화된 이후 산림이 완전히 복원되지 않았었다. 유한킴벌리는 2006년 이 지역에 2ha(약 6,000평)의 면적에 6,000본에 이르는 '평화의 잣나무'를 심었다.

당시 심은 나무는 30센티미터 크기의 4년생 잣나무로 추위에 잘 견디는 수종이다. 고산지대에 주로 분포하지만 해안을 제외한 전국 어디에서나 잘 자란다. 30년이 지나면 평균 30미터 높이에 지름 1미터까지 자라기 때문에 당시 식재한 나무는 이제 10미터가량 자랐을 것으로 추정된다.

산림청 임업연계통보에 따르면 1910년 당시 70퍼센트였던 한반도의 숲은 2015년에 약 52퍼센트로 줄어든 상태이다. 우리나라는 지속적인 나무 심기와 숲 가꾸기를 통해 산림을 복원해왔지만 북한 지역의 산림 황폐화가 가속화되면서 한반도 전체 숲 비중이 줄었다.

실제 북한 지역은 최근 20년간 매년 여의도 면적의 약 430여 배에 달하는 12만 7,000ha의 숲이 사라지고 있다.

유한킴벌리 관계자는 "북한에 숲 면적이 줄어들면서 크낙새, 반달가슴곰 등 한반도에 서식하는 70여 종의 야생동식물도 멸종 위기에 처해 있다"며 "북한 나무 심기 운동은 전체적인 생태 복원 운동의 일환이라고 할 수 있다"고 설명했다.

사실 북한 조림사업은 유한킴벌리 외에 다른 기관들에서도 준비가 진행되고 있다.

민간기업과 별도로 산림조합중앙회는 '통일양묘장'에서 자라고 있는 나무를 북한 조림사업에 활용할 계획이다. 산림조합은 한반도의 완전한 산림녹화를 조직의 새로운 목표로 삼고 있을 정도이다. 이에 산림녹화와 복구·병해충 전문가들로 한반도 산림녹화추진단과 자문위원회를 구성하고, 통일 양묘장을 조성해 북녘 땅을 푸르게 할 묘목 생산을 준비하고 있다.

지난 2017년 9월에는 북한 조림사업을 준비하기 위해 북한 평안남북도 지역과 기후가 비슷한 강원도 철원군 산림조합에 2만 8,428제곱미터 규모로 '통일양묘장'을 조성했다. 양묘 재배시설 13동과 야외 생육시설에서 활착률(식재목의 생존율)이 우수한 낙엽송과 소나무 묘목 100만여 그루가 자라고 있다. 정부 관계자들도 남북 산림협력 준비 상태를 점검하기 위해 직접 와서 묘목 생산 현황을 확인하기도 했다.

산림조합 관계자는 "지난 4월 남북정상회담과 판문점 선언 이후 한반도 산림녹화 필요성과 남북 산림협력에 대한 공감대가 높아지고 있다"고 밝히기도 했다.

유한킴벌리의 경우 10년 만에 북한 조림사업을 재개하기 위한 준비는 다 돼 있다고 한다.

지난 2017년 12월 지원사업 재개에 대비해 생명의숲, 산림청과 함께 연간 45만 본의 묘목을 생산할 수 있는 '화천 미래숲 양묘센터'를 완공했다. 이곳에서는 한반도의 생태 복원에 가장 적합한 소나무, 낙엽송, 상수리나무, 자작나무, 쉬나무 등의 묘목을 키우고 있다. 강원도 현지의 추위를 감안해 전기 대신 지열을 이용해 기를 수 있도록 묘목의 위치를 낮춰 바닥에 붙어 있도록 했다. 또 최대한 많은 묘목을 기를 수 있도록 반자동으로 설계했는데, 오는 2018년 9월이면 소나무 15만 본이 첫 출하될 예정이다.

유한킴벌리 관계자는 "북측 식목 지원 재개에 대해 아직 세부적으로 북측과 논의되고 있는 바는 없다"면서도 "여건이 갖춰지면 화천 양묘센터에서 키운 묘목을 북측이나 비무장지대의 숲 복원에 활용될 수 있도록 적극 지원해나갈 계획"이라고 밝혔다.

북한의 산림 현황. 조림업 현황

"돈만 된다면 100년 된 나무라도 베어야지."

북한은 산림을 보호가 필요한 대상보다는 벌목·개발하거나 수출 등을 통해 돈벌이에 이용해야 하는 대상으로 여겨왔다. "당장 배가 고픈데 산림보호를 왜 해야 하냐"며 나무를 팔아서 돈을 벌 수 있다면 마구잡이로 베어도 된다는 인식이 오랫동안 만연해왔다.

북한은 꽤 오랜 세월에 걸쳐 나무를 무분별하게 벌목해서 다른 나라에 팔아왔고, 제지공업이나 목재산업의 원료로 사용하기 위해 큰 나무도 서슴지 않고 베어냈다. 특히 중국으로 수출하면서 산림의 황폐화는 더욱 가속화됐다. 통일부에 따르면 북한은 1970년 350만㎥의 원목을 벌채했고, 1995년에는 473만㎥의 원목을, 1996년에는 약 500만㎥의 원목을 벌채했다.

2000년대 초반 북한은 식량 사정이 조금 나아지면서 원목 형태로의 목재 수출을 제한하고 일차 가공된 형태로의 수출을 장려했다. 일시적으로 중국 등으로의 수출이 주춤해졌다. 하지만 북한은 외화벌이의 수단으로 여전히 원목을 수출하고 있으며 식량 증산을 위해 산지를 개조해서 다락밭으로 만드는 등 산지개간정책도 추진하면서 북한 산림은 여전히 황폐화되고 있다.

산림을 소중히 여겨오지는 않았지만 '임업'과 '산림업'을 구분해놓긴 했다. 임업은 임목의 벌채, 제재 등 시설재를 생산하는 건재공업에 포함시켜 중공업 부문으로 분류한다. 산림업은 산림의 보전, 조성 등에 관한 산업으로 간주해 농촌 경리의 한 부류로 본다.

북한의 임업 현황

북한은 1977년 '토지법'을 제정했다. 산림관리제도의 근간도 이 법을 토대로 하고 있다. '토지법'에는 산림토지를 '산림이 조성돼 있거나 조성할 것이 예정돼 있는 산야와 그 안에 있는 여러 가지 이용지'로 규정하고 있다('토지법' 제70조).

통일부에 의하면 북한은 1992년 '산림법'을 제정하고 2001년까지 세 차례에 걸쳐 법안을 수정했다. '산림법'은 '토지법'에 규정된 내용을 근간으로 하면서도 토지법보다 산림보호와 이용 규정을 더 구체적으로 명시하고 있다. '산림법'에는 '산림에는 산림토지와 그 안에 있는 동식물자원이 속한다. 산림은 국가만이 소유한다'고 규정하고 있다('산림법' 2조). 산림은 이용 목적에 따라 특별보호림, 일반보호림, 목재림, 경제림, 땔나무림으로 나눈다('산림법' 3조).

북한의 원목 생산량이 정확하게 파악되지는 않지만 최근 5~10년 전까지는 연간 700만㎥ 정도로 추정된다. 이 중 침엽수가 60~70퍼센트, 활엽수가 30~40퍼센트에 달한다. 통일부가 추산하는 원목생산량은 1970년 352만㎥였으나 1995년 559만㎥, 2008년 741만㎥로 늘었다. 원목 구성은 침엽수 대 활엽수의 비율이 1970년 55:45에서 1995년 57:43, 2008년 65:25로 침엽수 비중이 점차 증가하는 추세이다.

북한은 목재를 수출해왔는데, 주요 수출국은 중국이다. 주로 가공되지 않은 원목 형태로 수출되며 부가가치가 높은 목재의 비율은 낮다.

용도별로 살펴본 북한의 주요 수종 분류	
용도	주요 수종
일반건설	이깔나무, 소나무, 삼송류
갱목	소나무, 이깔나무, 참나무
섬유제지 (펄프)	삼송류, 황철나무, 사시나무, 백양나무, 이깔나무, 포플러, 버드나무, 오리나무
합판	사스레나무, 자작나무, 피나무, 황철나무
침목	밤나무, 이깔나무, 가문비나무, 소나무
차량	이깔나무, 가문비나무, 소나무, 사스레나무, 참나무
조선	소나무, 이깔나무, 가문비나무, 잣나무, 참나무
가구, 일용품	오동나무, 가래나무, 드레나무, 피나무, 황철나무, 엄나무, 자작나무, 사스레나무, 참나무
운동구	느티나무, 들메나무, 물푸레나무, 엄나무
악기	전나무, 오동나무, 단풍나무, 피나무, 벚나무
성냥	피나무, 사시나무, 백양나무, 황철나무

출처: 통일부 북한정보포털

10

북 조림사업 꿈꾸는
영림목재

북한은 천지가 민둥산이다. UN 산하의 식량농업기구는 1990년
부터 2016년까지 북한 전체 산림의 약 40퍼센트가 사라졌다는 분석
을 내놨다. 계절마다 땔감을 구하러 산의 나무를 베어냈지만 산림자
원 보존에는 관심을 두지 않았던 결과다. 맑은 날 경기도 파주 임진
각에서 북한을 바라보면 곳곳에 누런 흙을 드러낸 북한의 산자락이
보일 정도다.

산림 조성은 무작정 나무를 심는다고 가능한 일이 아니다. 산림
녹화에 더해 경제적 가치까지 뛰어난 숲을 길러내기 위해서는 지리·
환경적 요인을 분석한 다음 수종 선정부터 솎아내기 등 지난한 과정
이 필요하다.

국내 목재 전문기업 영림목재를 운영하는 이경호 회장은 국내 최고 수준의 목재 전문가이다. 고향에서 함께 남한으로 피난 온 아흔이 넘은 노모를 여전히 모시며 지내는 효자이기도 하다. 그가 보는 북한의 목재산업 전망과 숲 가꾸기 철학을 들어봤다.

이경호 회장은 국내 최고의 고급목·팰릿 전문기업으로 꼽히는 매출 400억 원대의 영림목재를 일궈낸 기업인이다. 북한의 조림사업은 과거 우리나라의 1970년대 조림사업과 달리 어떤 숲을 만들지 고민해야 한다는 입장을 밝혔다. 단순히 나무가 빽빽히 자라 있기만 한 숲이 아니라 나무를 통해 경제적 수익을 얻을 수도 있는, 더 건강한 숲을 만드는 방법에 관해 의견을 밝혔다.

"사람의 손이 닿으면 자연이 망가진다는 게 상식이라고요? 오히려 건강한 숲을 가꾸기 위해서는 적당한 수준으로 사람이 개입해야 합니다. 목재자원 수출대국인 뉴질랜드가 꾸준히 목재 축적량을 늘리는 이유도 적절한 계획 하에 숲을 가꾸기 때문입니다." 목재 축적량은 전체 산림자원에서 나무가 얼마나 있는지를 가늠하는 지표이다. 목재는 뉴질랜드 전체 수출의 8퍼센트를 차지할 정도로 수출량과 비중이 크다. 이경호 회장은 "단순히 나무를 열심히 심고 가꾸는 데에서 그치지 않고 가지를 쳐주고 적당히 솎아내주는 일이 중요합니다"라고 말한다. 가지치기는 나무가 옆으로 자라지 않고 쭉쭉 자라나게 해주며 옹이를 없애 목재 활용도를 높여준다. 감벌(減伐)은 쉽게 말하면 나무를 솎아내는 작업으로, 나무끼리 적당한 간격을 유지해 충분한 성장세로 자라날 수 있게 돕는 작업이다.

이경호 회장은 "북한의 황폐해진 땅에 숲을 가꾸는 초기부터 적절한 계획을 수립해야 산림녹화와 경제림 조성이라는 목표를 동시에 달성할 수 있습니다. 잘만 조성하면 최고급 목재로 부가가치가 높은 악기용 목재까지 생산할 가능성도 열려 있습니다"라고 말했다.

조림사업 외에 이경호 회장이 사업적으로 가장 기대하는 분야는 물류 수송의 핵심인 팰릿(pallet) 사업이다. 물류 현장에서는 흔히 '파렛트'라고 불린다. 물류를 이동할 때 바닥에 깔아두는 판 같은 설비로, 지게차로 물건을 나를 때 바닥을 받쳐주는 역할을 한다. "특히 물건을 수출할 때는 플라스틱 팰릿이 아니라 목재 팰릿이 필요합니다. 북한과의 육로가 개통되면 북한을 통해 중국, 러시아, 유럽까지 수출이 이뤄질 텐데 이때 목제 팰릿에 대한 수요는 폭발적으로 늘어날게 분명하죠."

제품을 수출할 때 플라스틱 팰릿이 아닌 목제 팰릿을 선호하는 이유는 수출 이후 팰릿만 반환하는 경우가 적기 때문이다. 플라스틱 팰릿은 사용 후 재활용이 어렵고 수리도 어려운 편이기 때문이다. "목제 팰릿은 폐목재를 활용할 수 있는 분야도 많고 수리도 수월하기 때문에 수입 국가에서 선호도가 높습니다." 영림목재는 우리나라 전자제품이 폭발적으로 수출되던 1970년대 후반부터 목제 팰릿을 생산하며 경쟁력을 인정받았다. 지금은 국내 목제 팰릿 시장의 압도적 1위다.

영림목재는 개성공단이 재가동되면 진출할 의사도 있다. "사실은 이미 개성공단에 진출하려 여러 사정을 알아봤지만 부지가 마땅치 않아 진출하지 못했습니다. 다시 공단사업이 재개되고 충분한 공간이 확보된다면 개성공단에 진출해 북한 동포와 함께 북한의 목재로 팰릿을 만드는 등 힘차게 땀방울을 흘리고 싶군요."

기업인으로서 관심 외에 이경호 회장이 북한과의 경제협력에 관심이 많은 이유는 그의 출생과 어머니 때문이다. "어머니께 가족·친지분들을 만나게 해드리고 싶은데 신청 때마다 잘 안 되네요. 이번 상봉을 보면서도 만감이 교차합니다." 2018년 8월 21일, 제21차 남북 이산가족 상봉이 북한 금강산 인근의 외금강호텔에서 진행됐다. 금강산 자락의 호텔에서 수십년 만의 상봉에 눈물 흘리는 사람들이 있는가 하면, 그 모습을 TV로 지켜보며 다음 이산가족 상봉만을 기다리는 사람도 적지 않다. 이경호 회장의 아흔넷 노모도 그중 한 사람이다.

6·25 전쟁이 발발하면서 고향 황해도를 떠나온 노모는 아직도 고향 땅을 그리워하고 있다. "적십자사 지회장을 맡고 있어도 이산가족 상봉의 꿈을 아직도 이루지 못했습니다. 어머님을 비롯해 이산가족들을 위해 더 열심히 뛰어서 민간교류를 활성화해야죠."

이경호 회장은 1950년 1월, 북한 황해도 서쪽 구석의 장연군에서 태어났다. "제가 태어나고 200일도 지나지 않아 6·25 전쟁이 일어나 어머니께서 저를 업고 남쪽으로 피난 오셨죠. 어머니 등에 업혀 진도까지 피난 갔다가 일곱 살 무렵 인천으로 올라왔습니다. 사실상 평생을 우리나라에서 살았지만, 고향이 북녘에 있는 만큼 대북 지원이나 협력에 관심이 많을 수밖에 없죠."

이경호 회장은 대한농구협회 부회장 겸 남자 국가대표 단장을 겸임하고 있다. 2018년 7월 3일 농구 국가대표 선수단이 평양을 방문해 남북통일농구대회에 참가할 때 이 회장도 협회 부회장 겸 단장 자격으로 평양을 찾았다. "농구 같은 민간·스포츠 교류가 활발해질 수록 남북한이 더 빠르게 가까워지는 것은 당연한 일입니다. 오랜 기간 분리된 채로 지냈으니 자주 봐야 서로 친해지는 것이죠."

군용기를 타고 가느라 더위와 소음에 시달렸지만 그만큼 보람찬 일이었다는 이경호 회장. 오래 떨어져 지낸 탓에 서로 쓰는 말이 달라 곤혹스러웠던 경험도 풀어냈다. "북한 사람들이 '남측', '북측'이라는 용어를 쓴다는 걸 깜빡하고 '북한'이라고 했다가 면박당하기도 했습니다. 남북한은 가깝지만 이런 조그마한 차이들을 해소해나가야죠."

북한의 관광산업

"북한은 입지라는 측면에서 엄청난 잠재력이 있습니다. 놀라운 부동산을, 믿을 수 없을 정도로 자연의 잠재력을 가지고 있습니다."

도널드 트럼프 미국 대통령은 2018년 6월 한 케이블 방송에 출연해 북한에 대해 이렇게 말했다. 트럼프 대통령은 "북한 해변에 콘도를 지을 수 있느냐"는 사회자의 질문에 "그렇게 될 것으로 확신한다"고 덧붙였다.

우리에게도 '북한 관광'은 익숙한 단어이다. 한때 개성과 금강산 관광이 이뤄진 적이 있기 때문이다.

북한은 관광을 '다른 지방이나 다른 나라의 자연풍경, 명승고적, 인민경제의 발전 면모, 역사유적 등을 구성하는 것'으로 정의하고 있다. 특히 관광은 사람들의 사상·문화·정서적 욕구를 충족시키는 중요한 봉사사업의 한 부분으로 보고 있다. 관광기관, 봉사기관, 관광지관리운영소 등이 관광업에 종사하고 있다.

북한은 내국인과 외국인에 따라 관광 목적과 관광 대상을 달리하고 있다.

외국인의 경우 북한 관광은 구경과 공연 관람에 집중된다. 금강산, 묘향산, 칠보산, 백두산 등 자연 명승지를 둘러보거나 주체사상탑, 개선문, 서해갑문 등 건축물과 문예작품을 둘러보는 것이다. 반면 내국인(북한 주민)의 경우 답사와 견학이 주목적으로 도시, 기념비, 명승지(백두산, 왕재산 등 전적지), 고적유물, 문화유산 등이 주요 관광지다.

외국인과 내국인의 차이에서 살펴볼 수 있듯 북한은 관광을 북한 주민의 사상·문화·정서적 요구를 지원하는 정치사상교육 차원에서 추진한다. 지정된 곳을 답사·참관하는 것이 대표적이다. 휴식을 즐기며 휴양하는 관광이 아닌 김일성, 김정일, 김정은으로 이어지는 3대 장군의 우상화 교육정책이 관광의 주목적이다. 내국인의 국제 관광은 엄격히 제한하고 있다. 외부 세계의 문물 유입으로 인한 사상적 동요를 막기 위함이다. 노동당 선전부서에서 내국인 국내 관광을 담당하는 이유이다. 반면 국제 관광은 국가보위성 외사국에서 지도·장악·통제하고 있다.

북한은 외국인 관광객 유치에 사활을 걸고 있다. 북한의 주요 외화 수입원 중 하나가 관광이기 때문이다. 그래서 관광정책도 외국인을 유치하기 위한 국제 관광에 집중돼 있다. 북한은 1960~1970년대까지 사회주의 국가들 간 친선 유지 차원에서 소규모 휴양 관광단을 유치하고 해외교포를 대상으로 한 '조국방문단' 사업을 추진하면서 국제 관광을 육성했다. 1984년 합영법 제정 이후 관광 부문에서 합영·합작 사업과 외국인 유치를 장려했다.

1990년대 들어 나진—선봉 지역의 관광자원 개발을 통한 외화 획득에 주력했다. 1995년 아시아—태평양관광협회(PATA)에 가입했고 이듬해 나진—선봉 경제무역지대에 대한 관광 규정도 제정했다. 2002년 금강산 관광지구법을 채택했으며 2003년 금강산 육로관광이 시작되고 9월부터 우리나라 국민을 대상으로 한 평양 관광도 추진했다. 2007년 백두산 관광 합의서를 체결하고 같은 해 12월부터 개성 관광도 개시했다.

2009년 외국인 관광객 유치 확대를 위해 함흥 마전유원지 마전호텔을 준공했고 2010년 '중국인 북한 단체관광에 관한 양해각서'가 본격 시행되면서 중국인들의 북한 관광 확대를 모색하고 있다.

김정은 위원장 집권 이후엔 기존 관광정책에 더해 관광지구 신규 지정 등 적극적으로 관광사업을 추진하고 있다. 명승지 중심의 기존 단체관광에서 체험·테마 중심의 개별관광까지 다양한 관광상품을 개발하고 있다. 맥주·자전거 여행 등 다양한 상품 개발 및 겨울철 관광을 실시하고 있으며, 기존 관광자원 외 마식령스키장 등 레저·스포츠형 관광자원을 개발 중이다.

문제는 낙후된 인프라이다. 철도의 경우 주로 화물운송을 담당해 여행이나 관광을 위한 인력 수송수단으로 거의 활용하지 못한다. 도로는 90퍼센트가 비포장인 데다 내륙을 종·횡단하는 도로가 적어 자동차를 이용한 화물 및 여객 수송에 지장이 있다. 항공도 마찬가지다. 평양 순안공항이 북한의 유일한 국제공항이다.

북한을 찾는 관광객은 주로 항공편을 이용하는데 베이징—평양, 심양—평양, 블라디보스토크—평양 등 국제항로와 베이징—평양, 단둥—평양, 모스크바—평양 국제열차를 이용할 수 있지만 상황에 따라 노선이 자주 변한다.

관광 목적과 관광 대상		
구분	외국인	내국인
목적	관광(구경, 공연관람)	답사 견학
관광지 및 관광 대상	자연명승지(금강산, 묘향산, 칠보산, 백두산 등) 건축물(주체사상탑, 개선문, 서해갑문 등)과 문예작품	도시, 기념비, 명승지(백두산, 왕재산 등 전적지), 고적 유물, 문화유산 등

북한의 주요 관광지

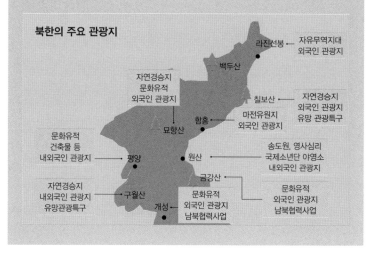

자유무역지대 외국인 관광지 — 라진선봉

백두산

자연경승지 문화유적 외국인 관광지

칠보산 → 자연경승지 외국인 관광지 유망 관광특구

함흥

마전유원지 외국인 관광지

묘향산

문화유적 건축물 등 내외국인 관광지 — 평양

원산

송도원, 영사심리 국제소년단 야영소 내외국인 관광지

금강산

자연경승지 내외국인 관광지 유망관광특구 — 구월산

개성 — 문화유적 외국인 관광지 남북협력사업

문화유적 외국인 관광지 남북협력사업

11

풍부한 북 광물 수입
태경산업

　남북한 관계가 좋아질 것이라는 뉴스가 보도될 때마다 빠지지 않고 등장하는 게 있다. 바로 '남북경협주(株)'에 대한 소식이다. 남북한 관계가 개선될 때 수혜를 받을 만한 기업의 주가가 오르면서 이들 기업의 주식은 남북경협주로 부상한다. 대북 제재가 완화될 기미가 보일 때마다 태경산업도 남북수혜주(株)라며 주식투자자들에게 주목받는다. 과거 북한 광물자원을 수입한 이력이 있어서다.

　태경산업이 2015년 인수한 에스비씨는 2001년부터 2010년 천안함 폭침 사건이 발생하기 전까지 매년 국내 여러 유통업자를 통해 북한산 아연괴를 수입해왔다. 2003년, 2004년에는 연간 1만 5,000톤 이상 북한산 아연을 수입할 정도였다. 이 같은 경험을 토대로 태경산업은 남북경협이 가시화되면 재빨리 북한을 방문하고 북한의 광물자원 수입을 재추진할 계획이다.

실제로 태경산업의 오너인 김해련 태경산업 회장은 2018년 5월 〈매일경제〉와 인터뷰하면서 남북경협 지원사업에 대한 포부를 밝혔다.

"남북 경제협력의 물꼬가 트여 북한에서 광물자원을 들여올 수 있게 되면 그간 할 수 없었던 아연 수입을 할 것입니다. 북한에는 마그네사이트, 흑연, 철광, 금, 은, 동 등 광물자원이 풍부하게 매장돼 있지만, 채굴·제련 기술 부족으로 당장 가져다 쓸 수 있는 것은 아연뿐입니다. 북한에는 고품질의 석회석도 풍부해요. 안전이 보장되고 개발이 허용된다면 수백억 원을 투자해서라도 북한의 석회석 개발에 참여할 것입니다."

북한산 아연은 현재 세계적으로 활발하게 거래되는 아연 중 가장 저렴하다고 알려진 이란산 아연보다 가격은 낮고 품질은 훨씬 좋으며, 북한에 아연강 제련소도 있기 때문에 아연 수입에 뛰어들려는 것이다. 김 회장은 태경산업 계열사 중 산화아연, 아연말, 나노산화아연 등 산업용 소재를 제조하는 에스비씨가 아연 교역을 담당하게 될 것이라고 설명했다.

김해련 회장은 "북한은 지리적으로 중국, 러시아와 가깝기 때문에 태경산업이 북한 광물자원 개발에 성공하면 도로를 이용해 이들 국가에 아연, 석회석 등 광물자원을 수출할 수도 있다"며 "새로운 시장이 열릴 것"이라는 포부를 드러냈다.

태경산업은 중질 탄산칼슘, 합금철, 황화수소 흡착제 등 각종 산업용 기초소재 제품을 생산하고 고속도로 휴게소 사업도 영위한다. 태경산업은 에스비씨를 비롯해 액체탄산·드라이아이스·수산화마그네슘·액상소석회 등을 제조하는 태경화학, 생석회·소석회 등 비금속광물제품 제조와 고속도로 휴게소 사업을 하는 백광소재, 가정용·산업용·자동차용 전구 등을 생산하는 남영전구, 아세틸렌가스·산소·탄산가스·질소 등 산업용 가스 제조업체 태경에코(옛 경인에코화학) 등 총 9개의 계열사를 거느리고 있으며, 이들 계열사의 지주사 역할을 하고 있다. 태경산업, 백광소재는 유가증권시장에 상장돼 있다.

2017년 계열사 전체 매출액은 2016년(4,447억 원)보다 1,000억원 이상 증가한 5,637억 원이며, 2018년 그룹 전체 목표 매출액은 7,000억 원이다.

"에스비씨가 국내 시장점유율 1위 아연 제조업체는 아니지만, 국내 동종 업체 중 수출실적으로는 1위입니다. 에스비씨의 수출규모는 연간 400억 원가량 됩니다. 올해(2018년)는 수출규모를 더 늘릴거예요. 태경에코는 제품 주문량이 늘어서 평택에 공장을 신설하고있어요. 이들 실적만 합쳐도 올해 계열사 전체 매출액 7,000억 원 달성에 성공할 것으로 예상합니다. 향후 2~3년 후 태경에코와 에스비씨를 상장할 의향도 있습니다."

12

개성에 석재 합영회사
태림산업

 통일대박을 언급할 때 빠지지 않고 등장하는 것이 바로 북한의 지하자원이다. 자원부족 국가인 남한에 북한의 지하자원은 그야말로 최고의 미래 자산이다. 그러나 남북 분단의 현실에서 북한의 지하자원을 우리 기업이 개발하는 것은 그야말로 하늘의 별 따기만큼 어려운 일이다.

 이처럼 어려운 일을 해낸 중소기업이 태림산업이다.

 태림산업은 지난 2006년 9월 개성공단 밖 2킬로미터 지점인 개성시 덕암리에 최초의 남북합영회사인 '아리랑태림석재합영회사'를 설립했다. 태림산업과 북측의 아리랑총회사가 50 대 50으로 합작했으며 남북합영공장 모델 1호이다.

지금까지 남북 간 광물자원 개발사업은 민관 합쳐서 총 4건에 불과한데 태림산업이 그중 하나인 것이다. 당시 태림산업은 295만 달러를 투자해 1만 5,000평 부지에 건평 1,000평 규모의 공장을 건설했다. 개성공업지구법의 적용을 받지 않아 전력과 수도 등도 자체 조달했다.

곽수환 태림산업 대표는 "개성공단 밖에 위치해 있다 보니 남쪽에서 공급하는 전력을 받지 못해 전부 발전기를 돌려 생산했고 석산에서 돌을 가져와야 하는데 도로가 제대로 돼 있지 않아 어려웠지만 생산에 전념했다"며 당시를 회고했다.

2006년 당시 남북관계는 화해 무드가 조성되고 있었다. 그해 2월에는 남북한 선수단이 2006 토리노 동계올림픽 개막식장에 공동 입장했으며, 태림산업보다 앞선 4월에는 대한광업진흥공사(현 한국광물자원공사)와 북한 명지총회사가 황해남도 연안군 정촌리에서 분단 이후 61년 만에 첫 광물자원 합작사업인 정촌흑연광산 준공식을 가졌다.

태림산업도 개성을 비롯해 평안남도 남포의 룡강석산과 황해남도 해주의 수양석산 등 3곳에서 화강석과 대리석 등을 채취해 골재와 레미콘, 석재, 콘크리트 등 다양한 건설자재를 생산할 수 있는 설비도 갖췄다. 개성공단 내 건물을 짓는 데 레미콘, 쇄석골재, 화강석 등을 납품하기도 했다.

이 과정에는 현대 출신으로 개성공단 건설사업 소장을 맡았던 이정택 태림산업 전무의 공헌도 컸다.

이 전무는 한국토지공사(현 LH공사)에 입사해 중국, 베트남 및 러시아에서 해외 공단건설사업 경험을 쌓았다. 그러나 IMF 외환위기를 겪는 과정에서 공기업의 해외투자가 중단됐고 자연스럽게 해외사업도 물꼬가 막혔다. 그러던 중 해외사업의 경험을 포기하고 싶지 않아 당시 다양한 해외사업을 전개하고 있었던 현대건설로 이직하고, 자연스럽게 대북 사업을 접하게 됐다.

이 전무의 사회주의 국가 공단사업 경험은 당시 현대에서 구상하던 개성공단 사업에 딱 들어맞았다.

실무책임자로 북한으로 발령받아 초기에는 개성시 자남산호텔에서 중장비정비소, 남측 인력 숙소단지 등 본격적인 사업 추진을 위한 베이스캠프를 준비했다. 이후에는 남광토건으로 자리를 옮겨 북한 5·16 건설기업소와 합작으로 개성공단 내에 관리청사 및 10여 개의 공장을 건설하기도 했다.

태림산업은 2008년부터 본격 생산에 들어가 연매출액 50억 원 정도로 사업이 잘되어 갔으며 사업 중단 전까지 약 2,000만 달러 가까이를 투자했다.

그러나 천안함 폭침 사건을 이유로 정부가 2010년 5·24 대북 제재 조치를 실시하면서부터 일제히 사업이 중단됐다. 급하게 나오느라 아무것도 건지지 못하고 나왔다. 지금은 상당수의 자산이 북한에 묶여 있어 회사 자체가 어려움을 겪는 상황이다.

그나마 불행 중 다행인 것은 문재인 정부가 들어서면서 남북정상회담이 열리는 등 남북관계가 재차 해빙 무드에 돌입해 사업재개 가능성이 있다는 점이다. 곽 대표는 최근 남북관계가 좋아지면서 북측에 사업재개 여부를 타진하기도 했다.

곽 대표는 "지금까지 현지 공장에 가보지도 못한 채 애만 태워왔는데, 최근 북측 관계자 이야기를 전해 들으니 설비랑 운반차 등이 그대로 있다고 하더라. 북측 파트너가 다시 사업을 재개할 수 있다고 하니 방북길이 열리기만을 기다리고 있다"고 말했다.

특히 태림산업은 국내산 석재가 사실상 자취를 감추고 값싼 중국산이 시장을 휩쓸고 있는 상황에서 북한산 석재는 품질과 가격 측면 모두에서 상당히 매력적일 것이라 보고 있다.

곽 대표는 "대북 사업이 중단된 지 10년이 다 되어가지만 남북관계가 다시 회복되면서 희망이 생겼어요. 남북 철도와 도로 연결뿐만 아니라 건설을 하려면 북한에서 생산한 골재와 레미콘이 필요할 텐데 드디어 우리 회사의 꿈을 이룰 날이 다가온 것 같습니다"라고 말했다.

그의 얼굴에는 희망이 부풀어 오르고 있었다.

최근 남북 간 철도와 도로를 잇는 사업을 전개하기로 당국 간 합의한 것에 대해서는 자사의 사업 기회가 무궁무진하다고 평가했다.

곽 대표는 "개성공단과 개성시 중간에 위치한 공장은 현재 6만 평 부지에 건평 2,000평 규모로 향후 사업 확장을 대비했고 물류가 용이한 남북철도와 접하고 있다"면서 "지금까지 북측과 쌓아온 신뢰와 네트워크를 바탕으로 기존 사업인 합영공장을 가동하면서 건설 및 유통, 식음료 등으로 사업 영역을 확대해나갈 계획"이라고 말했다.

태림산업은 호야씨앤티의 계열사로서 시너지 효과도 기대하고 있다. 호야씨앤티는 1995년 설립되어 국내 공동주택 및 상업시설 개발과 해외투자 사업을 추진하고 있다.

2000년 4월에 주식회사 해인건설로, 2005년 8월에 호야건설 주식회사로 상호를 변경했다.

현재 국내 사업으로는 실버타운 및 각종 부동산 개발사업을 준비하고, 해외 사업으로는 러시아 극동 지역 및 동남아에 투자사업을 검토하고 있다. 러시아는 최근에 중앙정부에서 극동 지역의 투자 활성화를 위해 다양한 지원을 하고 있으며, 북핵 문제가 해결된다면 극동 지역은 북한, 중국, 러시아, 일본의 중심지 역할을 할 것으로 예상된다.

북한의 광산, 광업 현황

북한 내 광물자원에 대한 정확한 매장량과 가늠할 수 있는 경제적 가치에 대해선 의견이 분분하다.

그러나 대표적인 자원 빈국으로 전체 천연 광석의 99.6퍼센트를 수입에 의존하는 남한에 비교하면 북한의 광물은 탐나는 자원일 수밖에 없다.

북한광물자원개발포럼에 따르면 북한에 매장돼 있는 주요 광물자원의 잠재 가치는 약 3조 9,033억 달러로 추정된다. 이는 남한에 비해 무려 24.3배에 달하는 수치다. 일각에서는 북한을 세계 10위의 자원부국으로 분류할 정도이다.

북한에서 개발이 유망한 광종으로는 금, 아연, 철, 동, 몰리브덴, 마그네사이트, 인상흑연, 인회석 등이 꼽힌다. 이 중 마그네사이트는 약 60억 톤이 매장돼 있는데 이는 세계 2위 규모에 해당한다.

산업통상자원부와 지질자원연구원은 2011년 기준 북한에 매장돼 있는 철의 규모를 8,775억 달러로 추산했다. 이 밖에도 금(857억 달러), 아연(185억 달러), 동(73억 달러), 몰리브덴(11억 달러), 인회석(270억 달러) 등 주요 광물의 매장 가치만 3조 4,249억 달러(약 3,675조 원) 규모로 보고 있다.

여기에 북한에는 4차 산업혁명 관련 정보기술(IT) 제품 생산에 꼭 필요한 희소금속들도 다수 매장돼 있는 것으로 알려졌다.

전기자동차 한 대를 만들기 위해서는 리튬 10~50킬로그램, 코발트 2~10킬로그램, 니켈 8.8~44킬로그램, 망간 8.2~42킬로그램이 필요하다. 전기차의 필수 요소인 배터리에도 코발트가 활용된다. 광물자원공사는 코발트, 리튬, 텅스텐, 니켈, 망간을 4차 산업혁명에 필요한 5대 핵심 광물로 선정하고 체계적인 비축이 필요하다고 지적하기도 했다.

북한에는 망간 30만 톤, 니켈 3만 6,000톤이 매장돼 있는 것으로 추정된다. 희소금속의 일종인 희토류는 17개 원소를 총칭하는데 경제성을 가진 고품위 광석이 다른 광물들에 비해 드물게 발견된다. 북한의 희토류 매장량은 약 2,000만~4,800만 톤으로 집계되며 중국에 버금가는 수준이라는 추정도 나온다. 2010년 12월 북한 국가자원개발지도국 발표에 따르면 북한의 희토류 매장량은 금속 기준 2,000만 톤가량이다.

북한은 이 같은 지하자원을 이용해 광업에 힘쓰고 있다.

더불어민주당 권칠승 의원실에 따르면 2016년 말 기준으로 북한 광업 생산은 약 4조 5,000억 원으로 북한 국내총생산(GDP)의 12.5퍼센트를 차지한다. 남한의 생산량이 2조 6,500억 원으로 GDP의 0.16퍼센트를 차지하는 것에 비해 상당히 높다. 북한에는 총 728개의 광산이 있는데 잠재 가치만 해도 약 3,220조 원이다. 수출에

광종	기준 품위	단위	매장량(1000M/T)	
			남한	북한
무연탄	각급	억 톤	13.7	45
갈탄	각급	억 톤	–	160
금	금속 기준	톤	41	2,000
은	금속 기준	톤	1,582	5,000
동	금속 기준	천 톤	56	2,900
연	각급	천 톤	404	10,600
아연	각급	천 톤	588	21,100
철	Fe 50%	억 톤	0.2	50
중석	WO_3 65%	천 톤	127	246
몰리브덴	MoS_2 90%	천 톤	22	54
망간	Mn40%	천 톤	176	300
니켈	금속 기준	천 톤	–	36
인상흑연	F.C 100%	천 톤	121	2,000
석회석	각급	억 톤	99.7	1,000
고령토	각급	천 톤	106,335	2,000
활석	각급	천 톤	8,152	700
형석	각급	천 톤	477	500
중정석	각급	천 톤	842	2,100
인회석	P_2O_5 30%	억 톤	–	1.5
마그네사이트	MgO 45%	억 톤	–	60

북한의 주요 광종 매장량 및 잠재 가치

출처: 한국광물자원공사, 「북한광물자원개발현황」, 2009.

서 차지하는 비율도 높다. 광산물 수출액은 14억 6,000만 달러로 총수출의 52퍼센트를 차지한다. 이 중 대중국 수출의 비율이 99퍼센트로 절대적이다.

지금까지 북한과의 광물자원 교류가 없었던 것은 아니다. 우리 기업이 북한에서 자원 개발을 한 사례는 총 4건이다. 이 중 한국광물공사가 1건, 민간 부문이 3건이다.

이 사업들은 지난 2010년 5·24 대북 제재 조치 이후 잠정 중단됐다.

최경수 북한자원연구소장은 "북한 지역 700여 개 광산 중 1차로 주요 광산 74개를 남북 협력사업으로 우선 추진하는 경우 연간 9만 1,310명(북한 현 광산 종사인원 기준으로는 연간 50만 3,092명)의 신규 일자리가 창출 가능하며, 남한에서만 연간 1만 8,550명의 신규 일자리가 창출된다"면서 "74개 광산에서 발생되는 전체 매출액은 연간 106억 3,400만 달러로 추정된다"고 말했다.

북한의 광산물 수출 추이(단위: 백만 달러, %)													
구분	2003	2004	2005	2006	2007	2008	2008	2010	2011	2012	2013	2014	2015	2016
수출총액	777	1,020	998	947	919	1,130	1,062	1,514	2,789	2,880	3,218	3165	2,697	2,821
광산물	56	152	244	244	350	465	446	696	1,657	1,653	1,891	1,568	1,338	1,458
비중	7.2	14.9	24.4	25.8	38.0	41.3	41.9	46	59.4	57.4	58.8	49.5	49.6	51.7

출처: KOTRA, 「북한의 대외무역 동향」 각호.

13

북 농기계공장 건립 동양물산기업

2015년, 북한 공군이 비행 훈련할 연료가 모자라 비행기 모형을 들고 대형 지도 위에서 걸어다니는 영상은 우리나라 국민에게 '저것이 북한의 실상이 맞느냐'는 생각을 불러일으킬 정도로 심각했다. 핵심 전력인 비행기를 띄울 연료조차 없는데 농기계를 가동해 농사짓는 일은 어불성설이다. 북한의 식량난이 심각한데도 농기계를 활용하지 못하니 갈수록 식량난이 심해질 수밖에 없는 상황이다.

우리나라 기업 중 이러한 북한의 어려움 해결을 돕고자 북한 평양 인근에 진출해 농기계 생산 노하우를 전달했던 기업이 있다. 단순히 농기계를 전달해주지 않고 현지에 생산설비까지 들여갔다. '물고기를 줄 것이 아니라 물고기 잡는 법을 알려주겠다'는 심정이었던 셈이다. 트랙터 등 농기계 명가로 알려진 동양물산기업의 이야기다.

"북한에 농기계 생산설비를 지원한 것은 동양물산기업이 유일합니다. 남북경협이 활성화되면 북한이 수만 대의 농기계를 필요로 할텐데, 이 기회를 잡을 생각입니다." 동양물산기업(회장 김희용) 건물의 2층 회의실에는 2002년 5월 평양 시내를 파노라마로 찍은 사진이 테이블에 깔려 있다. 동양물산기업은 지난 2005년, 민간단체를 통해 북한에 농기계 생산설비를 지원했다. 당시 김희용 회장과 윤여두 부회장을 비롯한 임직원이 평안남도 강서군에 위치한 산업노동자구역을 직접 방문해 '우리민족 금성·동양 농기계공장' 준공식을 열었다.

당시 준공식은 강서군 산단의 북한 트랙터 회사 '금성뜨락또르'의 공장에 건물 1,200평, 출하장 600평 규모에 연간 1만 3,000대 농기계를 생산할 수 있는 설비를 제공한 기념으로 열렸다. '뜨락또르'는 트랙터의 북한식 표기다. 김희용 동양물산기업 회장은 "단순히 농기계를 지원해주기만 해서는 그 농기계를 제대로 관리도 못 할뿐더러 고장났을 때 대처도 못 할 것 아닙니까. 비록 공장 한 동에 불과하지만 북한 국민이 굶어 죽는 일을 줄여주고 싶었기 때문에 직접 북한까지 갔던 겁니다"라고 말했다.

농기계 생산설비를 북한으로 보내는 일은 윤여두 동양물산기업 부회장을 중심으로 이뤄졌다. 윤여두 부회장은 2001년부터 '우리민족서로돕기운동' 공동대표를 맡아오다 지금은 상임대표를 맡고 있다. 윤 부회장이 다양한 행사에서 북한을 방문한 것만 100여 차례에 이른다. 그는 "시민단체 대표를 맡아 남북한 교류에 앞장서다 보니

다른 사람보다 훨씬 많이 북한을 방문할 수 있었습니다. 그만큼 북한 사람들의 절박함을 알고 있기에 농기계 생산설비 교류의 필요성을 절감한 것이지요"라고 회상했다.

기업이 직접 농기계나 설비를 지원하기에는 국제사회의 제재가 있는 상황이었기에 동양물산은 주로 우리민족서로돕기운동을 통해 농기계와 설비를 공급했다. 윤 부회장은 "초기에는 중고 농기계를 지원하는 방식이었지만 농기계 전달만으로는 한계가 있음을 깨달았습니다. 그래서 생산설비 지원, 생산 노하우 전달까지 하겠다는 결정을 내린 겁니다. 설비를 전달하는 데 그치지 않고 생산 노하우까지 공유하며 같은 민족이라는 사실을 다시 깨달을 수 있는 기회였습니다"라고 소회를 밝혔다.

동양물산은 남북 경제협력이 본격화하면 다시 한번 대북 사업에 나설 계획이다. 김 회장은 "과거 설비를 지원하고 가동 노하우까지 전수한 경험이 있는 만큼 다른 기업보다 대북경협이 수월할 겁니다. 당시 지원한 설비가 여전히 가동 중인지는 모르지만 우선 북한과 터놓고 대화를 시작해야 서로 뭘 더 해나갈 수 있을지 알 수 있겠죠"라고 말했다.

안타깝게도 동양물산이 2005년 준공식을 열었던 공장은 2008년부터 소식을 전해 들을 수 없게 됐다. 2008년 금강산 관광객 피격 사건 이후 남북관계가 급속도로 얼어붙었기 때문이다. 노무현 정부에서 이명박 정부로 정권이 바뀌면서 대북 협력에 대한 정부의 온도 차이가 생긴 것도 원인이었다.

김 회장은 "협력이 단절된 지 10년이 지났지만 당시 경험을 살리면 다시 협력하는 것도 가능할 것으로 믿고 있습니다. 금성뜨락또르 공장에서 함께 일해보니 말도 통하고 사람들이 순박했던 기억이 납니다. 제품의 대부분을 우리나라에서 생산한 뒤 북한에서 낮은 인건비를 활용해 조립하는 식의 전략을 도입한다면 북한이 농기계 수출 산업기지로 재탄생하는 것도 아주 불가능한 일만은 아닙니다"라고 설명했다.

공장 상태를 자세히 파악하기는 어렵지만 희망을 품을 점도 있다. 북한이 '금성뜨락또르' 공장을 여전히 가동하며 농기계도 생산 중이라는 소식이 들려오고 있기 때문이다. 2017년 11월, 김정은 북한 노동당 위원장이 금성뜨락또르 공장을 방문해 80마력의 신형 트랙터 '천리마-804'호를 직접 시운전까지 했다는 보도가 나왔기 때문이다.

업계에 따르면 북한이 향후 10년간 필요할 농기계는 10만 대 이상

2005년 평안남도 강서군에서 열린 '우리민족 금성·동양 농기계공장' 준공식

으로 추산된다. 수도인 평양직할시에서마저 아직도 도로에 소달구지가 오가는 상황인 만큼 북한 전역에 농기계를 보급하려면 막대한 양이 필요할 것으로 예상된다.

동양물산기업은 지난 2014년 산업통상자원부에서 세계적 기술력을 가진 기업임을 증명하는 월드클래스300사업에 선정된 농기계 시장의 강자이다. 최근에는 북미 시장을 바탕으로 농기계 수출량을 늘리며 경쟁력을 강화하고 있다. "현재 북한에서 사용하는 농기계는 수도 적지만 대부분 품질이 떨어지는 중국산일 것으로 추정되고 있습니다. 고품질의 우리나라 농기계를 도입해주면 먹고사는 문제 해결에 도움을 줄 수 있고, 먹고사는 문제가 해결되면 자연스레 장기적인 민족 화합까지 나아갈 수 있지 않을까 생각하고 있습니다."

동양물산기업은 2016년 업계 3위 기업인 국제종합기계를 인수했다. 국제종합기계는 2008년까지 북한에 40~50마력의 중소형 트랙터를 줄곧 공급한 경험을 가진 회사이다. 농림부 등 정부 부처가 대북 사업을 추진할 때 동양물산과 국제기계가 시너지를 낼 것으로 기대되는 이유이다.

북한의 기계산업 농기계

북한 공업의 심장은 기계공업

북한은 6·25 전쟁 이후 기계공업을 핵심 산업으로 선정하고 이를 기반으로 한 중공업 건설 진흥에 힘을 쏟았다. 전후 3년 동안 희천공작기계공장과 희천정밀기계공장, 광산기계공장, 농기계공장, 조선소 등을 세우며 기계공업 발전에 역량을 집중했다. 불가리아, 체코, 헝가리 등 당시 사회주의를 내세웠던 국가들이 자동차수리공장과 공작기계공장, 기관차수리공장 등을 북한에 원조해줬는데, 이는 북한의 기계공업 발전의 밑거름이 됐다.

1980년대 들어 북한은 '공작기계새끼치기운동'을 펼치며 여러 공작기계를 생산하기 시작했다. 1980년대 중반 NC(수치제어) 공작기계 생산기지 건설을 추진했으며, 후반에는 범용공작기계 부문에서 6,000톤 프레스와 대형선반 20대 등 대형기계 생산에도 성공했다. 2000년대에는 CNC(Computerized Numerical Control) 공작기계에 의한 생산체계를 도입했다.

북한에서 기계공업이 가장 발달된 지역은 수도인 평양이다. 평양은 기계공업 총생산의 20퍼센트를 차지하는 것으로 알려져 있다. 통일부는 평양에 기계공업과 관련된 공장과 기업이 90여 개 있는 것으로 추정한다. 또 공작기계와 재봉기, 인쇄기기, 전선, 정밀기계기구 등 다양한 기계공업이 있는 것으로 분석한다.

북한의 공작기계산업은 1980년대까지는 정체 상태였으나 1995년 희천공작기계공장에서 수치제어(NC) 공작기계를 개발하면서 탄력이 붙었다. 2000년대에 들어 구성과 희천 등의 공작기계공장은 컴퓨터 조종의 공작기계를 개발하고 이를 도입했다. 통일부는 북한의 희천연하기계종합공장, 구성공작기계공장, 만경대공작기계공장, 함흥·청진공작기계공장, 평양공작기계공장, 신의주기계공장 등을 공작기계 생산공장으로 파악한다. 2009년부터는 CNC 공작기계 수출을 시작했다.

정밀기계, 기계공업산업 중 꼴찌

기계공업 분야 중 북한에서 가장 더디게 발달된 분야는 정밀기계산업이다. 1970년대 후반 스위스와 합작해서 설립한 모란봉시계공장이 가동되면서 시계 생산이 시작됐다. 1980년대가 되면서 평양측정기공장과 평양도량형공장 등의 정밀기계공장은 각종 저울과 측정기기류 생산에 나섰다.

북한의 대표적인 정밀기계 생산공장은 희천정밀기계공장, 평양정밀기계공장, 양책베어링공장, 용성베어링공장, 평양측정계기공장, 평양영화기계공장, 평양시계공장, 묘향산의 의료기구공장, 운산공구공장 등이다.

북한의 주요 농기계공장 현황		
공장명	주된 생산품	비고
금성트랙터종합공장 (남포)	트랙터, 불도저(풍년)	해방 전 화학공장
		1954년 농기계 생산 시작
순천트랙터공장 (평남 순천)	트랙터	
원산충성호트랙터공장 (강원도 원산)	트랙터 등 (연산 1천대)	
강계트랙터공장 (자강도 강계)	트랙터(산악용), 군수품	군수품 전문생산공장 추정
청진연결농기계공장 (함북 청진)	트랙터,감자수확기	
신천연결농기계공장 (황남 신천)	벼베는기계,파종기,펌프류	
해주연결농기계공장 (황남 해주)	모내는기계,벼수확기	
해주농기계공장(황남 해주)	각종 농기계류	
평양농기계공장(평양)	모내는 기계, 모 뜨는 기계	
신안주농기계공장 (평남 안주)	펌프, 양수기 등	
정주농기계공장 (평북 안주)	피스톤 랭크, 톱니바퀴펌프	
원산트랙터부속품공장 (강원도 원산)	톱니바퀴, 피스톤	
사리원트랙터부속품공장 (황북 사리원)	트랙터부품,모뜨는기계	
정주트랙터부속품공장 (평남 안주)	톱니바퀴펌프, 원동기	
원산원동기공장 (강원도 원산)	원동기,모내는기계	
함흥연결농기계공장 (함남 함흥)	모내는기계,벼이앙기	1960년, 1968년, 김일성이 지도

출처: 통일부 북한정보포털

14

남북경협 씨앗 되길
아시아종묘

밭에서 기르는 채소를 북한에서는 뭐라고 부를까? 정답은 '남새'
다. 비록 70년 가까이 분단된 상태로 지내고 있지만 빈부격차를 제외
하면 배추, 양배추, 상추 등 식재료는 비슷한 문화를 가지고 있다.

다만 먹을 수 있는 채소의 질과 양에는 차이가 있다. 우리나라에
서는 끊임없이 종자 개량에 힘쓰고, 밭작물을 기를 때도 적절한 비료
사용에 더해 최적의 육성 조건을 맞춰준다. 반면 북한에서는 제대로
된 종자 개량이 어려울 뿐만 아니라 비료, 시설을 갖추지 못하고 노
지에서 소규모로 재배되는 채소가 대부분이다.

국내 대표 종자기업 아시아종묘의 류경오 대표(60)는 북한 '남새
밭'을 직접 방문하고 종자 지원도 수십 회 이상 해온 종자 교류 전문

가이다. "북한에서 함께 남새밭을 같이 일구던 시절이 잊히지 않습니다. 남북경협이 재개되면 다시 종자를 들고 방북해야죠."

북한과의 심리적 거리는 대단히 멀지만 2007년 처음 방북한 류경오 대표는 그 거리감이 무색했다고 회상한다. 류 대표는 "2007년 처음 북한에 방문하던 때, 서울 송파구 가락동 집에서 개성까지 편도로 한 시간이면 갔습니다. 길이 막히지 않는 시간대였다고는 하지만 고작 한 시간 거리라는 게 정말 안타까우면서도 뭉클한 심정이었습니다. 처음 방문하던 때에는 차량의 번호판도 떼고 보안을 지켜가며 방문했는데 방문이 거듭되자 번호판도 그대로 붙인 채 이동하고, 여러 번 출입할 수 있는 출입증도 발급받았었죠"라고 회상했다.

2007년 류 대표가 방북한 것은 평양에 위치한 남새연구소 소장 및 직원과 회의하기 위해서였다. 당시 류 대표는 평양 인근에서 채종사업이 가능한지 실험하기 위해 방북했다. 채종사업은 종자를 채취하는 사업이다. 일반 농가에서 종자를 뿌려 기른 채소를 판매한다면 채종사업은 종자를 뿌려 단일한 종류, 양질의 씨앗을 거두는 사업이다. "당시 우리 유전자원을 활용해 채종사업을 벌일 수 있는 유의미한 단계까지 갔던 기억이 생생합니다. 주민을 먹여 살리는 일이 중요한 만큼 그들도 절실하게 달려들더군요."

류 대표가 직접 '남새밭'을 북한 사람들과 같이 일궜던 것은 강원도 고성에서다. 강원도 고성군은 남한과 북한이 나눠서 점유하고 있는 지역이다. 북한 지역이 약 858제곱미터, 남한 지역이 약 664제곱미터의 면적이다. 북한의 명산인 금강산도 고성군에 위치해 있다. 류 대표는 "당시 채소밭을 일궜던 곳은 북한 쪽 강원도 고성군이었습니다. 금강산 관광객에게 공급된 모든 채소는 그 지역에서 재배된 것이었죠. 북한 다른 지역에서 채소류를 충분히 공급받을 수 없기 때문에 내렸던 결정이었습니다"라고 설명했다.

평양남새연구소, 북한 고성군과의 교류를 비롯해 차근차근 진행되던 남북 종자 교류사업이 중단된 것은 2008년 금강산 관광객 피격 사건 때였다. 이때 사건을 계기로 모든 공식적 종자 협력사업은 끊겼다. 류 대표는 "마지막으로 직접 교류한 일이 벌써 10년 전이니 남새연구소와 금강산 인근 '남새밭'이 어떻게 남았는지, 연구와 생산은 계속하고 있는지 궁금하지만 확실한 소식은 들을 방법이 없다"며 아쉬움을 표했다.

공식적인 교류는 끊겼지만 모든 종자 교류가 끊긴 것은 아니다. 북한에 대한 민간 차원의 지원은 계속됐고, 시민단체는 북한의 기아 문제를 해결하기 위해 아시아종묘 종자를 구입해 꾸준히 북한으로 보냈다. 주로 재외국민이 아시아종묘를 구입해 중국을 거쳐 북한으로 보냈다. 당시 보내진 종자 종류는 배추, 양배추, 콩, 옥수수 등 다양하며, 민간협력 차원으로 전달된 종자 양만 해도 1톤에 가깝다.

금강산 관광객에게 채소류를 공급하겠다는 것은 쉽게 이해가 가는 일이다. 그렇다면 굳이 북한에서 류 대표가 채종사업을 벌이려던 이유는 무엇일까? 류 대표는 그 이유를 크게 두 가지로 꼽는다.

첫 번째 이유는 우리 민족을 도우려는 목적이다. 북한에서 채종사업을 벌이면 자연스럽게 농작물을 기르는 노하우도 북한 사람들에게 전수할 수 있다. 70여 년 분단의 시간 동안 벌어진 농업기술 격차를 단기간에 좁히기 위해 최적의 방법이라는 것이다.

두 번째 이유는 북한이 채종사업을 벌이기 최적의 조건을 갖추고 있기 때문이다. 류 대표는 "우리나라는 채종 농가가 일반 농가에 비해 평균소득이 3배에 이르지만 우리나라는 현재 채종사업을 하기에 좋은 환경이 아닙니다. 농지끼리 거리가 가까워 종자가 섞일 우려가 있기 때문입니다"라고 말한다. 종자의 순혈성은 종자사업의 기본이다. 예를 들어 하나의 씨앗에서 100개의 과일이 열린다고 해서 샀는데, 잡종이 섞여 70개밖에 열리지 않는다면 그 종묘사는 고객에게 신뢰를 잃을 것이다. 류 대표는 "순혈성을 갖추기 위해 우리나라에서는 비닐하우스 등 시설을 갖춰 종자가 섞이지 않게 조치해야 하는데 이 모든 과정이 추가적인 비용입니다. 반면 북한은 아직 개발되지 않은 지역이 많아 종자가 섞일 우려 없이 채종사업을 벌일 수 있는 장점이 있는 것이죠"라는 것이 그의 설명이다.

남북한의 종자 교류가 끊긴 이후에도 북한은 독일의 지원으로 토마토, 파프리카 등 일부 작물에서는 농업기술을 발달시킨 점도 류 대표가 북한의 종자사업 성공 가능성을 높게 평가하는 이유이다. 중국과 달리 관리가 가능해 종자기술 유출 우려도 없다. 종자 유출은 많은 종묘기업이 중국에서 사업을 벌이고 싶지 않아 하는 이유이다.

북한에서 채종사업을 벌이면 유리한 점이 하나 더 있다. 작물에 따라 장거리 이송이 가능한 경우에는 러시아 등 구소련 지역이나 동남아 지역까지 수출할 수 있다. 북한은 양배추, 무 등 추위에 잘 견디는 품종을 키우기 좋은 환경인 만큼 해당 지역으로의 수출 가능성이 충분하다. 류 대표는 "동남아 지역에서도 고급화 전략이 최근 강화되고 있는데, 이들 국가도 중국이나 인근 국가 농산물을 잘 믿지

2008년 아시아종묘의 종자를 이용해 북한 고성군에서 재배한 배추와 오이

못하는 경향이 있습니다. 한국이나 북한에서 프리미엄 채소를 생산해 공급하면 한류를 타고 상류층 공략에 성공할 가능성이 충분하다고 봅니다"라고 주장했다.

류 대표는 북한과의 경제협력이 본격화되기 전, 남북한이 아닌 곳에서 북한 농업인과의 재회를 꿈꾸고 있다. 바로 아시아태평양종자협회(APSA) 총회에서다. 류 대표는 "북한이 다른 행사는 빠뜨려도 이 행사만큼은 빠지지 않고 참석하기 때문에 올해도 다시 만날 가능성이 크지 않을까요?"라고 말했다. 이번 총회는 필리핀 마닐라 메리어트 호텔에서 2018년 11월에 열린다. 총회 행사에는 전 세계 수천 명의 종자업계 관계자들이 방문하는 행사인 만큼 북한에서도 농업 기술 향상을 위해 꼭 방문하는 것으로 알려져 있다.

류 대표는 남북경협과 별개로 베트남 등 동남아 지역을 공략하기 위해 노력하고 있다. "베트남에서 쌈채소가 큰 인기를 끌어 체인점이 생기고 있을 정도입니다. 우리나라 외에는 잘 먹지 않는 과일인 참외가 현지 롯데마트에서 완판되는 등 화제를 불러일으키고 있죠. 현지에서 일고 있는 '과채류 한류'가 더 확장해 북한에서 생산한 과채류를 동남아에 수출하는 날을 꿈꾸고 있습니다."

2000년 북한 방문 허가증

북한의 농업 및 비료산업

북한의 농업경쟁력은 다른 나라에 비해 명백히 열악한 상황이다. 북한 정부가 여러 정책을 시도해왔지만, 인근 국가가 아닌 다른 빈곤국과 비교해도 식량 생산량은 부족한 상황이다.

북한의 식량 생산량이 부족한 이유는 농업에 적합하지 않은 기후 조건과 뒤떨어진 농업기술력이다. 농작물을 재배하기에 적절하지 않은 온도, 강수량 등 조건에 더해 척박한 토양 상태, 부족한 비료, 질 낮은 종자 등 상황이 모두 농업 생산량의 느린 증가의 원인으로 작용하고 있다.

북한은 1990년대 '고난의 행군'으로 묘사되는 장기 경기침체 이후 사용 가능한 화학비료의 양도 급격히 줄어들었다. 자체적으로 생산할 수 있는 비료량이 제한되기 때문에 중국 등에 의존하는 정도가 높다. 현대경제연구원 연구에 따르면 2008년부터 2012년까지 북한의 연간 평균 비료 생산량은 21만 9,000톤 수준이다. 필요한 양의 고작 37퍼센트 정도만 자체 조달할 수 있는 것으로 평가되고 있다.

갈수록 줄어드는 농업인구도 북한 농업 생산량 감소에 영향을 주고 있다. 국제연합식량농업기구(FAO)의 조사에 따르면, 북한의 농업인구는 1985년 766만 명에서 1995년 736만 명, 2000년 688만 명, 2005년 630만 명, 2010년 567만 명, 2011년 554만 명으로 지속적으로 줄어드는 추세를 보이고 있다. 일반적인 경우 기술의 발달에 따라 농업 생산성이 증가하기 때문에 농업인구가 증가해도 생산성이 유지된다. 하지만 북한의 경우 전체 인구 대비 농업인구 비중이 여전히 높은 수준이다. 2011년의 경우 전체 2,445만 명 중 농업인구가 554만 명으로 약 24퍼센트의 비율을 보이고 있다. 기술력이 뒷받침되지 못하기 때문에 농업인구의 감소는 전체 농업 생산량의 감소로 이어졌을 가능성이 높다.

북한에서 사용하는 농기계 노후 문제도 농업 생산성 상승 실패의 원인으로 지목된다. 가장 흔히 사용되는 천리마트랙터는 동력이 28마력인 모델이다. 국내에서도 30마력 수준의 트랙터가 사용되는 곳이 많지만 이는 대부분 소규모 농장 수준이다. 북한 내 대형트랙터, 이앙기 등 농기계 공급은 절대적으로 부족한 상황으로 추정된다. 2017년 북한 평양 인근에 위치한 '금성뜨락또르 공장'에서 80마력 신형 트랙터 '천리마-804호'를 생산한다는 소식이 북한 매체를 통해 알려졌지만, 북한 전역에 보급되기엔 턱없이 부족한 물량일 것으로 추정된다. 국제연합식량농업기구 조사에 따르면 2013년 트랙터 가동률은 연료 부족으로 인해 약 70퍼센트 수준으로 제한되고 있다. 트랙터 공급도 충분하지 않은데 제대로 가동되지도 못하는 실정인 셈이다.

사회주의식 농장 생산방식이 북한의 농업 생산성에 부정적인 영향을 주고 있을 가능성도 크다. 사회주의식 공동농장 생산은 다른 보조정책이 도입되지 않는 한 기본적으로 공동노동과 배급제의 성격을 보인다. 자신이 일한 만큼 성과가 나지 않으니 아무래도 생산효율이 떨어질 수밖에 없는 상황이다.

15

남북공동어로 추진
신한물산

"수산업은 대표적인 1차 산업 중 하나입니다. 그만큼 북한 주민들의 삶에 미치는 영향도 직접적이죠. 2025년을 바라보고 한반도 신경제 지도를 논할 때 남북공동어로작업을 빠뜨릴 수 없는 이유 또한 이 때문입니다."

남한에서 어구와 어망을 전문적으로 제조하고 있는 신한용 신한물산 대표는 회사가 만든 물품이 북한 해역에 펼쳐질 날만 기다리고 있다. 지난 2007년 9월 자회사로 개성신한물산을 설립하면서 개성공단에 진출한 그는 10년이 넘는 시간 동안 회사를 운영하면서 북한 수산업 분야의 전문가가 됐다.

"개성공단에 진출하게 된 가장 큰 계기는 2007년 남북정상회담이었습니다. 회담 의제로 경제협력과 남북공동어로 작업이 논의되는 것을 보고 기회라고 생각했습니다. 개성공단에서 만든 어구로 남과 북이 함께 물고기를 잡는 시대를 만들고 싶었습니다. 업계 진입 시기가 상대적으로 늦었으면서도 과감히 들어갔던 이유이기도 합니다."

개성공단에서도 신한물산은 어망을 비롯해 고기를 잡는 데 필요한 각종 어구를 제조·판매했다. 자동화기기 같은 대형설비를 따로 두지 않았던 개성법인의 대표 상품은 낙지나 꽃게를 잡을 때 사용하는 통발이었다. 신한물산은 이를 바탕으로 최대 150억 원의 연매출을 기록한 바 있다.

개성공단은 신한물산이 급격한 성장세를 이루게 한 동력이었다. 북한에 둔 200여 명의 임직원이 동력의 중심이 됐다. 회사는 이를 기반으로 2009년 9월 정부로부터 벤처기업으로 지정됐다. 주요 품목은 어망이었다. 기존 어망은 사용되고 나서 환경오염 물질로 남아 바다 생태계를 교란한다는 점에 착안했다. 신 대표는 물에 녹는 어망을 비롯해 대체품을 개발하기 위해 연구개발에 나섰다. 또 어망 재질을 어군 탐색 과정에 활용할 수 있게 바꿔 작업을 더욱 편하게 하는 방안을 찾았다. 그러나 투자는 결실을 맺지 못했다.

"공단에 입주한 지 1년이 채 안 된 2008년에 정권이 교체됐습니다. 남북관계가 서서히 경색되기 시작하더니 상황이 바뀌었습니다. 이후 9년 동안 남북 사이에는 크고 작은 악재가 연달아 발생하면서 회사는 족쇄에 묶였습니다. 공장 증축은 물론 연구개발과 인력 확충 같은 회사가 실행해야 할 장기적인 계획은 무산될 수밖에 없었습니다."

남북경협이라는 커다란 물결도 거듭되는 북한의 무력 도발 속에 악화일로를 걸었다. 절정은 2016년 2월 10일에 찾아왔다. 박근혜 정부는 북한의 핵실험과 장거리 로켓 발사에 대한 독자적인 제재의 일환으로 개성공단 전면 중단을 결정했다.

"2016년 설 연휴 마지막 날, 당시 개성공단 기업협회 부회장을 맡고 있던 저는 통일부로부터 연락을 받았습니다. 가급적 많은 공단 관계자들과 함께 모여달라는 요청이었죠. 전날 북한의 핵실험이 있었던 터라 불안했지만 과거 비슷한 위기에도 폐쇄는 없었기 때문에 그날 결정은 생각지도 못했죠. 그러나 제가 듣게 된 메시지는 '오늘 오후 5시부로 개성공단을 닫는다'는 말이었습니다. 시계를 보니 2시간 30분 정도 남았더라고요."

정부 관계자들은 개성공단 입주기업들에게 피해가 없도록 맞춤 지원을 해주겠다고 했다. 하지만 허울뿐인 말이었다. 북한과 협상을 해 공단 안에 있는 물품을 가져올 수 있는 시간으로 3일을 주겠다고 했지만, 단 하루 만에 남한 관계자는 모두 추방당했다.

공단 입주기업인들은 개성공단기업 비상대책위원회를 구성했다. 목소리를 하나로 모으고 급변하는 상황에 유연하게 대처할 필요가 있었다. 신 대표는 그 과정에서 위원회 운영위원장을 맡으며 궂은일을 도맡았다. 또 신한물산의 생존을 위해 '플랜 B'를 실행했다.

"개성공단 폐쇄 이후 124개 입주기업들의 매출은 평균 30퍼센트 정도 떨어졌습니다. 신한물산 역시 매출액이 25퍼센트가량 줄었습니다. 그래서 공장을 새로 짓고 생산물품 다각화를 추진했습니다.

어업용 로프나 닻, 부표처럼 기존에 다루지 않았던 제품을 생산하면서 시장 진출을 모색했습니다."

신한물산은 충청남도 예산에 신규 공장을 지었다. 부지는 약 1,500제곱미터(약5,000평) 규모이다. 대형설비를 들이고 생산라인을 고도화했다. 예산 공장은 굴 포장용 스티로폼 상자를 비롯해 여타 기업이 생산하지 않는 수산업 필수품까지 종합 생산하고 있다.

"처음에는 개성공단 재개 전까지 중국에 있는 공장으로만 버텨보려고 했습니다. 그런데 여기저기 부지를 물색하다 보니 화가 치밀어 오르더라고요. 그래서 국내로 돌아오자는 생각에 땅을 사버렸습니다. 하지만 경영을 거듭할수록 후회가 막급합니다. 개성공단에 비해 높은 인건비를 비롯해 국내 경영 환경은 도처에 함정이 숨어 있었습니다."

신한물산은 이러한 악재 속에서도 내실은 잃지 않았다. 2016년 4월에는 경영혁신형 중소기업으로 지정됐고, 2017년에는 약 100억 원의 매출을 올렸다. 신 대표 개인 차원에서도 성장할 수 있는 기회를 마주했다. 2017년 4월 신 대표는 개성공단기업협회 7대 회장에 선출됐다.

"공단은 중단됐지만 기업 정상화를 일념으로 최선을 다하려고 합니다. 문재인 정부 임기 초반까지도 상황이 나아질 기미가 없어 절망스러웠지만, 2018년 4월 남북정상회담을 계기로 분위기가 급변했습니다. 물론 남북경협이 재개되려면 국제사회의 대북 제재 조치가 풀려야 하고, 그러기 위해서는 많은 과제가 선결돼야 하지만 일단 '희망'이라는 단어를 쓰게 됐습니다."

남북경협 가능성을 묻자 신 대표는 조심스러운 가운데에서도 희망을 이야기했다. 또 개성공단 입주기업의 일원이자 협회장으로서 '한반도 신경제 지도' 달성을 위한 구상에 나섰다. 한반도 신경제 지도는 문재인 대통령의 국정기획 자문위원회가 발표한 정책 중 하나로 서해안과 동해안, 비무장지대 지역을 H 형태로 동시 개발한다는 내용을 담고 있다. 신 대표가 염두에 두고 있는 부분은 그중에서도 '남북공동어로수역'이다.

남북공동어로수역은 언제나 남북 간의 협상 의제로 다뤄졌다. 2007년 10·4 남북정상회담 공동선언문에도, 2018년 4·27 판문점선언에도 포함돼 있다. 10·4 공동선언문은 '서해5도 NLL(북방한계선) 해역 중 연평도에서 대청군도에 이르는 해역을 남북공동어로수역으로 설정해 남북 어민이 공동으로 조업할 수 있게 하자'는 내용을 기본으로 한다. 4·27 판문점선언의 경우 서해북방한계선 일대 평화수역과 공동어로구역 설정을 분리해두고 있지만, 마찬가지로 공동어로를 정해 남북 어선이 같이 조업하는 구역을 만들자는 내용을 다루고 있다.

"남북공동어로구역 설정은 중국 어선이 우리 해역을 침범하는 문제를 해결할 수 있는 길이기도 합니다. 북한이 중국에 해로를 임대 판매했던 것은 고질적인 경제난 때문이었는데, 한반도 신경제 지도를 중심으로 한 남북경협이 재개되면 이는 자연스럽게 극복될 수 있습니다. 또 그렇기 때문에 개성공단의 역할이 더더욱 중요합니다."

신 대표에게 개성공단의 역할은 단순히 제품을 만들어내는 생산 공장 이상의 의미를 갖고 있다. 그는 "기업인으로서 개성공단에서 돈을 벌겠다는 목적도 있었지만, 남북관계 개선과 통일에 일정 부분 기여할 수도 있겠다는 생각에 사명감도 컸다"며 "경제협력을 통해 중국과 대만이 상생할 수 있었던 것처럼 우리도 남북관계를 경제로 풀어나가는 방향을 고민해야 한다"고 강조했다.

신 대표는 개성공단 재개를 기다리며 입주회사들의 의지를 모으고 있다. 2018년 4월 개성공단기업 비상대책위원회가 개성공단에 입주했던 124개 기업 전체를 대상으로 실시한 설문조사 결과 97퍼센트의 기업들이 공단 재개 시 재입주를 희망한다고 답했다. 신 대표의 과제는 이들 기업인의 기업가정신을 잇는 것은 물론 새로운 입주기업들도 받아 개성공단을 활성화시키는 것이다.

"개성공단에서 만든 어망과 어구를 갖고 장보고처럼 남북의 바다를 호령하는 게 제 소망입니다. 한반도 신경제 지도 구상에 따라 신의주와 나진·선봉 앞바다에서 제주도까지 펼쳐진 바다를 우리 회사 어망으로 다 깔아버리고 싶습니다. 그 첫걸음으로 개성공단의 재개를 손꼽아 기다리고 있습니다."

북한의 수산·어업 현황

수산물을 비롯한 1차 산업의 생산물은 경제발전 초기 단계에서 중요한 역할을 한다. 세계 각국의 경제개발 사례에서도 볼 수 있듯이 국제무역에서 차지하는 비중이 높아 외화벌이의 주요 수단이 된다. 북한의 경우에도 마찬가지다. 북한의 수산업은 이에 더해 고질적인 식량난을 해결할 수 있는 방침으로 활용될 여지가 커 더욱 주목할 필요가 있다.

이러한 맥락에서 북한 지도부가 수산업에 높은 관심을 갖는 것은 당연하다. 김정은 북한 노동당 국무위원장은 해마다 신년사에서 수산업 발전의 중요성을 언급하며 물고기 생산을 독려하고 있다. 2018년 신년사에서도 배 제작과 수리 능력을 높이고 어로 확보와 양어·양식 활성화에 매진할 것을 주문했다. 또 메기 공장 등 현지 지도에 나설 때면 "총알 한 발보다 물고기 한 마리가 더 중요하다"며 수산 능력 배양과 수산 양식기술 개발의 필요성을 강조했다.

그러나 현재 북한의 어업 생산능력은 수산 관련 기술의 낙후와 기자재 부족, 심각한 에너지 부족 등으로 충분히 발휘되지 못하고 있다. 어선 관리부터 그렇다. 최근까지도 북한은 어선을 일종의 보조함정으로 여겨 어선 보유 실태를 공식적으로 밝히지 않았다. 다만 국제연합식량농업기구(FAO)는 북한이 약 1,500척의 동력어선을 보유하고 있으며, 그중 실제 조업이 가능한 어선 수는 400여 척에 불과하다고 추정하고 있다. 경제난에 따른 연료 부족과 정비 불량, 부품 부족 등이 이유이다.

연안어업에 이용되는 무동력 어선에 대해서는 인용되는 자료마다 큰 차이를 보이고 있다. 하지만 장비 수준에 대해서는 공통적으로 열악함을 지적한다. 일각에서는 아직도 돛을 이용해 조업하는 어선이 300여 척에 달하며, 북한 측 수역에서 월선 조업을 하다 나포된 20~80마력 수준의 중국 어선을 재사용하는 경우도 있다고 분석했다. 또 북한에서 사용하는 주요 어구들은 자체 생산보다 수입에 의존하고 있는데, 그중 어망은 90퍼센트 이상을 수입해 사용하는 실정이다.

현재 북한 수역에 분포돼 있는 어종은 약 650~800여 종에 이르는 것으로 파악된다. 이 중 바닷물에서 서식하는 어류인 해면어류가 640여 종, 패류와 해조류는 100여 종, 기타 수산동물이 40여 종인 것으로 알려져 있다. 북한의 연안해역은 해산 양식 발전에 적합해 서해는 패류양식이 용이하고, 동해는 가리비나 문어, 홍합류, 미역 등의 양식업에 알맞은 입지조건인 것으로 알려졌다. 북한의 주요 어업 지역은 함경북도 근방으로, 양식 생산량과 어획량이 전국 수산물 생산량의 25퍼센트를 담당하고 있다.

북한 수산물의 수출은 대부분 중국을 대상으로 이뤄졌다. 2016년 하반기부터는 UN 안전보장이사회의 대북 제재 결의안에 따라 주력 수출품이었던 광물이 수출 제한되며 대체 수출품으로 수산물 수출이 늘어난 바 있다. 특히 압록강과 두만강을 경계로 북한과 접하고 있는 지린성 훈춘시 지역은 2016년 기준 약 1억 4,100만 달러에 달하는 수산물을 수입하며 중국 전체 수입액의 74퍼센트에 달하는 양을 소화했다.

하지만 2017년 9월과 12월에 강화된 안보리 결의안이 추가로 통과되며 북한의 수산물 수출은 급감하기 시작했다. 중국의 수산물 수입 동향을 살펴보면 북한산 수산물 수입액은 2017년도에 1억 6,200만 달러를 기록하며 전년 대비 14.35퍼센트 감소했다.

전문가들은 이 같은 조치가 시장에 일시적인 가격 하락 요인으로 작용할 수 있다고 분석한다. 재고관리가 어렵다는 수산물의 특성상 쌓인 물량이 시장으로 공급될 가능성이 커 이로 인한 시장가격 하락 효과가 발생한다는 설명이다. 동시에 가격 하락 현상이 장기화될 경우 수산물의 생산량 자체가 축소될 가능성도 있다고 전망했다.

대북 제재가 완화되고 남북경협이 재개될 때 향후 대북 수산 분야 협력은 북한 어선 건조사업과 수산물 유통·가공단지 건설을 중심으로 진행될 것으로 보인다. 또 양식사업의 활성화를 보조하기 위한 종묘 배양장 설치와 국내 어선의 북한 지역 동·서해안 수산물 양식사업도 고려할 만한 사업으로 평가받는다.

수산 양식은 가장 기본적인 형태의 해양자원 활용법이다. 하지만 김정은 정권은 경제 분야 4대 선행 부문(전력, 석탄, 금속, 철도)에 앞서 농축수산 부문을 3대 축으로 강조했다. 이러한 흐름을 고려한다면 앞으로의 남북경협에서 수산어업은 '블루오션'으로 자리 잡기에 충분하다.

북한의 해역별 주요 어종 및 주어장

구분	동해안			서해안		
	어종	주어장	주어기	어종	주어장	주어기
어류	멸치	연근해	5~6월	조기	평안북도, 황해도	4~6월
	명태	함경도, 강원도	11월~1월	고등어	–	6월
	고등어	연근해	5~6월, 9~10월	뱅어	평북, 압록강하구	4~6월
	청어	연근해	2월~4월	(물)가자미	연근해	5~9월
	대구	연근해	10~1월	민어	연근해	6~7월, 10월
	가자미	연근해	연중	병어	연근해	5~9월
	방어	함경도 이남	11~1월	갈치	연근해	9~10월
	임연수어	함경도, 강원도	9~11월	삼치	황해도	6~11월
	정어리	연근해	6~7월	숭어	–	2월, 4월, 9월
	꽁치	연근해	6월~8월	농어	–	6~7월

갑각류	꽃게	강원도 이남	5~6월, 9~11월	새우류	연근해	9~12월
				꽃게	연근해	3~5월, 10~11월
패류	굴	강원도 연안	11~3월	백합	평남, 황해	–
	가리비	전연안	–	바지락	전연안	–
	조개류	전연안	–	꼬막	전연안	–
연체동물	오징어	강원도, 함경남도 이남	7~8월, 9~10월	–	–	–
기타	미역	강원도, 함북	–	미역	황해도	–
	해삼	전 연안	–	–	–	–
	성게	강원도, 함북	–	–	–	–

출처: 농림수산식품부

북한의 수산물 생산량(단위: 만 톤)						
연도	한국(a)	북한			a-b	b/a
		한국은행(b)	FAO(c)	b-c		
2005	271.4	90.9	71.3	19.6	180.5	0.33
2006	303.2	92.3	71.3	21	210.9	0.30
2007	327.5	93	71.3	21.7	234.5	0.28
2008	336.3	83	71.3	11.7	253.3	0.25
2009	318.2	66.3	71.3	−5	251.9	0.21
2010	311.1	63.0	71.3	−8.3	248.1	0.20
2011	325.6	69.1	–	–	256.5	0.21
2012	318.3	73.7	–	–	244.6	0.23
2013	313.5	74.9	–	–	238.6	0.24
2014	330.6	84.2	–	–	246.4	0.25

출처: 한국은행 경제통계시스템 남북한 주요지표 비교, FAO, Fstat

북한 주요 양식 어종의 양식 기술 수준: 한국과 비교(단위: %)					
구분	종묘 생산 기술	치어 및 친어 관리 기술	사료 및 사양 관리 기술	어병 관리 기술	가공 이용 기술 및 양식장 시설
잉어	60~70	50~60	30~40	20~30	30~40
송어	60~70	50~60	40~50	30~40	30~40
메기	60~70	40~50	40~50	30~40	30~40
미꾸라지	60~70	50~60	30~40	40~50	30~40
참게	50~60	50~60	30~40	40~50	30~40
피조개	50~60	80~120	30~40	20~30	30~40
전복	50~60	20~30	40~50	20~30	20~30
굴	40~50	50~60	50~60	30~40	20~30
해삼	50~60	50~60	20~30	20~30	20~30
새우	40~50	40~50	30~40	20~30	20~30

주: 한국의 기술 수준을 100%로 가정했을 경우 북한의 수준임.
출처: 통일부 북한정보포럼

중국에서 수입하는 주요 북한산 수산물				
HS Code	품명	금액(백만 달러)		
		2015년	2016년	2017년
0307	연체동물	74	140	136
0306	갑각류	27	42	21
0305	건조한 어류	3	5	2
0308	수생 무척추동물	1	0.9	1.7

출처: KOTRA, 자료원: GTA(Global Trade Atlas)

16

26년간 대북 사업
코스트그룹

지난 1976년 강원도 철원의 한 GP. 천용수 소위는 철책 너머 북한을 주시하고 있었다. 반공 교육을 받아온 평범한 육군 장교였다. 인민군 초소를 감시하고 동향 보고서를 써내는 것이 관측 장교였던 그의 임무였다. 그때만 해도 십여 년 후 북한을 수백 차례 오가며 사업을 하게 될 줄은 꿈에도 몰랐다.

인연이 묘하게 이어졌다. 16년이 지난 1992년 5월. 호주 코스트(Koast) 그룹의 수장으로 명함을 바꾼 천용수 회장은 북녘땅에 처음 발을 디뎠다. 금광 개발을 위해 방북한 그는 당시를 회상하며 "멋모르고 들어갔다"고 웃었다. 당시 39세였다. 앞서 다른 호주 기업들이 먼저 뛰어들었지만 언어·문화적 차이 때문에 사업을 포기했고 이를 천 회장이 이어 받은 것이다.

그때부터 북측과 26년 간의 '동행'이 시작됐다. 그는 "지난 26년 간 총 200여 차례 북측을 방문했다"면서 "1년에 적어도 7번 이상 방문하고 평균 7~15일 정도 체류하는데 이를 시간으로 환산하면 5년 정도 북측에서 거주한 셈"이라고 설명했다. 천 회장은 2018년에도 이미 7번 북측을 찾았다.

천 회장은 "초창기 광산 개발을 위해 방북했을 때 도로 사정이 좋지 않았다"고 말했다. 그래서 천 회장이 떠올린 아이디어는 고려항공에서 보유한 헬리콥터를 통으로 빌리는 것. 사업가답게 그는 고려항공에서 '리스'한 헬리콥터를 타고 북측 전역을 그야말로 종횡무진 누볐다.

하지만 성과만 있었던 것은 아니었다. 천 회장은 첫 실패를 북한에서 맛봤다고 말한다. 금광 개발을 위해 3년 반 동안 경비를 쏟으며 매달렸지만 금광 개발을 위한 최종 협의 과정에서 북측이 다른 파트너와 손을 잡은 것이다.

천 회장은 "당시 북측은 홍콩 투자사를 선택했는데 이 파트너사가 파산하면서 결국 사업이 무산됐다"고 말했다. 이후 천 회장은 광산업에서 손을 떼려고 했지만 사업을 성공시키겠다는 북측의 열망은 강했다.

천 회장은 "친분이 있던 북측 광업부 사람들이 우리 쪽에 아연괴(금속 아연)를 독점 수출할 수 있는 기회를 줬다"면서 "이후 5년 간 아연괴를 독점으로 공급해 투자금 이상을 벌어들였다"고 설명했다. 또 함경북도 단천지구 마그네사이트 광산에 투자했지만 태풍이 휩쓸고

가면서 큰 피해를 입기도 했다.

제조업에 본격적으로 투자한 것은 지난 1995년께다. 북측과 최초의 합영회사를 세웠다. "인민들이 사용하는 제조업에 투자하는 게 어떻겠나"라는 제안을 북에서 했고 이를 받아들인 것이다. 지난 1995년 8월 폴리우레탄 생산 공장을 열고 11월부터 생산을 시작했다. 천 회장은 "현재는 제재 때문에 어려움을 겪고 있지만 평양 인근 공장에서 생산해 100% 북측 내수용으로 판매하는 구조"라며 "제재 해제가 가시화되면 각종 제품을 만들 수 있는 폴리우레탄 수요가 크게 늘어날 것이다. 북측에서 발전시키려는 분야"라고 설명했다.

이후 신뢰를 쌓으면서 천 회장은 현재 평양, 함흥, 순천, 해주, 청진 등 각지에 공장을 두고 있다. 폴리우레탄 폼, 세탁 비누 등은 북에서 생산해 내수용으로 판매하고 가발은 중국으로 전량 수출 중이다. 중장비·식품 등도 수입해 북에 판매하는 등 9개 업종에서 사업을 진행 중이다. 그의 업무용 사옥은 평양 월양동(개선문 인근)에 있으며 합영회사 선봉코스트는 평양시 낙랑구역 통일 거리에 위치해 있다.

천 회장은 "식료품 등의 중국 의존도가 높았는데 최근 급속도로 발전하면서 국산화되는 물품이 상당히 많아졌다"면서 "자력으로 생산해 품질도 상당한 수준이며 해외경쟁력까지 갖출 수 있다고 본다"고 말했다. 그는 최근 눈에 띄는 북측의 모습에 대해서 "첫째 사람들이 밝아졌다. 경제에 대해서 관심이 많아지고 적극적으로 일한다"면서 "공장 종업원들도 능력별 대우를 하니까 활기차졌고 생활이 많이 좋아졌다"고 설명했다. 그러면서 "북측 주민들은 지금 한국에 대해 기대를 많이 하는 것 같다"면서 "자존심이 세서 표현을 그렇게 못하지만 협업하기를 바라는 것 같다"고 말했다.

북측과의 무역 상담회를 성공리에 마친 경험도 있다. 2004년 무역 설명회 준비위원장을 맡은 천 회장은 그 해 10월 1박2일 간 평양 인민문화궁전에서 무역상담회를 열었다. 이를 위해 전세기를 띄워 160여 명을 데리고 중국 심양을 거쳐 북측으로 들어갔다. 천 회장은 "전체 이뤄진 상담 건수만 2,600건에 이른다. 한 사람도 빠짐없이 모두 참석했다"고 회상했다. 무역 설명회가 끝나자 북 당국은 고마움의 표시로 160여 명을 모두 데리고 백두산 천지를 함께 여행하기도 했다.

천 회장은 2018년 6월 또 다른 사업안을 제안받았다. 조선대외경제협력위원회가 북측과 해외 기업을 연결하는 컨설팅 회사를 만들어보지 않겠냐고 제안한 것이다. 대외경제협력위원회는 북한 경제를 총괄하는 컨트롤타워 같은 곳이다. 이름만 들어도 알 수 있는 중국 5개, 영국 2개 컨설팅 회사와 경쟁했는데 결국 천 회장이 낙점됐다. 북측으로부터 신뢰가 두텁게 쌓였다는 방증이다. 이후 2018년 7월 17일 북한 평양에서 대외경제투자협력위원회와 '조선투자자문회사(DPRK Investment Consulting)' 설립을 위한 합의서를 체결했고 북한 무역·투자 관련 사실상 유일한 창구로 지정받았다.

천 회장은 "대외경제투자협력위원회로부터 투자 업무를 위임받았고 합영회사 합작 투자에 대해 창구로서 역할을 하게 된다"면서 "북측에서도 제대로 투자받아서 성공 사례를 만들고 싶다고 하더라"고 설명했다. 천 회장은 "북측에서는 중국 화교 얘기를 많이 한다. 중국 발전의 시발점이 됐다는 것에 공감하고 연구도 많이 해 관심이 높다"면서 "북측 주민들은 자신들의 나라를 도와준다고 해외동포를 우러러 본다"고 설명했다.

그는 또 최근 미리 북한에서 각종 사업을 선점하려는 중국의 움직임이 빨라졌다고 전했다. "중국 투자자들이 물밀듯이 몰려들면서 대북 투자에 열중하고 있다"면서 "지난 정권 남북관계 냉각된 이후 시장을 중국에 대부분 빼앗겼다"고 아쉬워했다.

그는 대북 사업을 염두에 두고 있는 이들에게 두 가지를 주문했다. '역지사지'의 자세와 '북한 공부'가 그것이다. 천 회장은 "우리 생각과 그들 생각은 많이 다르다. 그들 입장에서 사업을 기획해야 일이 성사될 수 있다"면서 "섣불리 사업을 하기보다는 북한에 대해 공부를 많이 하고 이해해야 한다"고 말했다.

그는 해외동포들이 대북 투자를 많이 하는데 큰 성공 사례가 없는 것을 두고 "대부분 제도권 내에서 투자를 안 한다. 개인만 믿고 법과 관계없이 돈을 투자하는데 확인도 제대로 안 한다"면서 "사업을 진행하며 필요한 것들을 서류화해서 확인하면서 철저히 법 테두리 내에서 절차를 밟고 책임 있는 거래가 중요하다. 합영회사를 설립하는 것에 대해 북측의 융통성이 상당히 있는 편"이라고 설명했다. 그는 인터뷰에서 한마디를 덧붙였다. "북한을 바라볼 때 지금까지의 생각은 지우세요. 그리고 같이 성공 사례를 만듭시다"

그의 명함에는 4곳의 전화번호가 적혀있다. 남한·북한·호주·중국 사무실 번호다. 북측은 국제전화 접속번호로 '85'를 쓴다는 것을 그의 명함을 보면 알 수 있다.

지난 1983년 호주행을 택한 천 회장은 선박 납품업, 자원 재활용업, 무역업 등에 뛰어들었다. 지금은 타이어 수입 판매(코스트 타이어), 자원 재활용 사업, 화장품 총판 회사(미샤), IT 제품 수입 판매사(액심텍) 등 4개 회사를 경영하며 연간 2억 4,000만 달러(약 2,740여억 원) 매출을 올렸다. 중국에는 타일·가발 공장을 설립해 제품을 수출하고 있으며 한국에서는 건축 자재 수입 사업을 하고 있다. 호주 진출 당시 자원 재활용 사업을 하려 했지만 영주권자에게 내주지 않았던 만큼 고육지책으로 지난 1985년 국적을 전환했다.

천 회장은 호주에서의 성공을 바탕으로 지난 1992년 재외동포 사업가로서는 처음으로 북한을 방문했다. 이듬해 평양에 업무용 건물을 지었고 1995년 평양에 합영회사를 세웠다.

코스트그룹의 북한 계열사인 선봉코스트의 연매출은 7,000만 달러(약 800억 원) 수준으로 지난 1995년 북측에 제조공장을 세우고 비누, 폴리우레탄, 가발 등을 생산하는 등 9개 업종에서 사업을 진행 중이다. 설탕·콩기름·조미료 등 생필품을 수입해 유통했지만 2017년 유엔 제재 이후 사업이 중단된 상태다. 현재 북한에는 직원 2,000여 명이 근무하고 있다.

지난 2006~2008년 세계한인무역협회 제14대 회장을 지낸 천 회장은 사업 공로를 인정받아 남북 양측에서 상을 받기도 했다. 남측에서는 지난 1999년 국무총리상, 2008년 수출의 날 산업동탑훈장을 받았고 북측에서는 2007년 노력훈장(경제 부문), 2012년 국기 2급 훈장을 받은 이색 경력을 갖고 있다.

북한 전문 법률가 · 기업인이 전하는 대북 투자 노하우

북한투자 어떻게 하면 성공할까?

초판 1쇄 2018년 11월 20일 | 2쇄 2019년 3월 10일

지은이 법무법인 율촌 북한팀 · 매일경제 중소기업부
펴낸이 전호림
책임편집 임경은
디자인 제이알컴
마케팅 박종욱 김선미 김혜원

펴낸곳 매경출판㈜
등 록 2003년 4월 24일(No. 2-3759)
주 소 (04557) 서울시 중구 충무로 2 (필동1가) 매일경제 별관 2층 매경출판㈜
홈페이지 www.mkbook.co.kr
전 화 02)2000-2633(기획편집) 02)2000-2636(마케팅) 02)2000-2606(구입 문의)
팩 스 2000-2609 **이메일** publish@mk.co.kr
인쇄 · 제본 ㈜ M-print 031)8071-0961
ISBN 979-11-5542-918-1 (03320)

이 도서의 국립중앙도서관 출판예정도서목록(CIP)은 서지정보유통지원시스템 홈페이지
(http://seoji.nl.go.kr)와 국가자료공동목록시스템(http://www.nl.go.kr/kolisnet)에서
이용하실 수 있습니다. (CIP제어번호: CIP2018035659)